校企合作电子商务专业精品教材

农产品电子商务

主审　吉文丽

主编　沙比热古丽·吾加　冉　娟

航空工业出版社

北京

内 容 提 要

本书紧扣乡村振兴战略背景下电子商务专业人才培养的需求，全面、系统地介绍了农产品电子商务的基础知识及相关技能。全书共分为 8 个项目，分别为农产品电子商务基础、农产品电子商务模式、农产品市场调研与定位、农产品质量安全管控与品牌建设、农产品网络营销、农产品电子商务仓储与物流管理、农产品电子商务支付与客户服务、农产品移动电子商务与跨境电子商务。

本书可作为高等职业院校电子商务、农村电子商务、农产品流通与管理等专业学生的教材。

图书在版编目（CIP）数据

农产品电子商务 / 沙比热古丽·吾加，冉娟主编.
北京 ： 航空工业出版社，2025. 1（2025. 8 重印）.
ISBN 978-7-5165-3913-2

Ⅰ. F724.72

中国国家版本馆 CIP 数据核字第 2024LS8068 号

农产品电子商务

Nongchanpin Dianzi Shangwu

航空工业出版社出版发行
（北京市朝阳区京顺路 5 号曙光大厦 C 座四层　100028）

发行部电话：010-85672666　010-85672683　　读者服务热线：010-85672635
捷鹰印刷（天津）有限公司印刷　　　　　　　全国各地新华书店经售
2025 年 1 月第 1 版　　　　　　　　　　　　2025 年 8 月第 2 次印刷
开本：787×1092　1/16　　　　　　　　　　　字数：300 千字
印张：13　　　　　　　　　　　　　　　　　定价：48.00 元

党的二十大报告指出，"全面推进乡村振兴""坚持农业农村优先发展""加快建设农业强国，扎实推动乡村产业、人才、文化、生态、组织振兴"……在此背景下，为满足互联网经济发展对农产品电子商务复合型、应用型人才的需求，我们参考多所院校的人才培养方案，并结合农产品电子商务相关岗位的实际要求编写了本书。

 **本书特色**

1. 春风化雨，立德树人

党的二十大报告指出："育人的根本在于立德。"本书积极贯彻党的二十大精神，将能够体现职业素养、职业道德、工匠精神、创新精神等的内容潜移默化地融入知识和技能教育，引导学生将个人价值实现与国家民族发展紧密相连，力求培养有担当、高素质、高水平的专业型人才。

2. 校企合作，协同育人

本书邀请相关企业专家指导和参与编写，结合乡村振兴战略背景下企业对电子商务专业人才的实际要求，将教学重心落在职业需要和岗位的实际应用上，充分发挥学校和企业各自在人才培养方面的优势，帮助学生实现从校园到企业的平稳过渡。

3. 全新形态，全新理念

本书遵循"理实一体化"的原则，以项目为载体，采用任务驱动的方式组织内容，系统地介绍了农产品电子商务的基础知识及相关技能。

在构建完整知识体系的同时，本书还注重以实用的内容、活泼的形式提高学生的学习兴趣，不仅根据需要安排了大量案例，还添加了"小提示""知识链接""课堂讨论"栏目，以帮助学生更好地理解知识点。

4. 资源升级，平台支撑

本书配有丰富的数字资源，学生可以借助手机或其他移动设备扫描二维码观看微课视频，也可以登录文旌综合教育平台"文旌课堂"查看和下载本书配套资源，如项目考核答

案、优质课件、教案等。如果学生在学习过程中有疑问，也可登录该平台寻求帮助。

此外，本书还提供了在线题库，支持"教学作业，一键发布"，教师只需通过微信或"文旌课堂"App扫描扉页二维码，即可迅速选题、一键发布、智能批改，并查看学生的作业分析报告，提高教学效率，提升教学体验。学生可在线完成作业，巩固所学知识，提高学习效率。

 本书创作团队

本书由吉文丽担任主审，沙比热古丽·吾加、冉娟担任主编，韩倩、李运勤担任副主编。由于编者水平有限，书中可能存在疏漏或不妥之处，敬请各位读者批评指正。

 特别说明

（1）在本书编写过程中，编者参考了大量资料，这些资料大部分已获授权，但由于部分资料来自网络，我们暂时无法联系到原作者。对此，我们深表歉意，并欢迎原作者随时与我们联系。

（2）本书所选案例均来源于真实事件，但为避免引起不必要的误会，人物均使用了化名。

🔍 | 本书配套资源下载网址和联系方式

🌐 网址：https://www.wenjingketang.com

📞 电话：400-117-9835

✉ 邮箱：book@wenjingketang.com

CONTENTS 目录

项目一

农产品电子商务基础

项目导读

　　农产品电子商务的兴起开辟了乡村发展新道路，有力地推动了乡村振兴战略的落实。作为新时代的大学生，学习农产品电子商务的相关知识和技能，不仅能够增强自身的电子商务应用能力，还能将自身发展与社会发展结合起来，实现个人价值与社会价值的共同提升。

学习目标

知识目标

- 熟悉农产品的定义、特征和分类。
- 熟悉电子商务的概念和特点。
- 熟悉农产品电子商务的概念、特点和内容。
- 了解发展农产品电子商务的重要性。
- 了解农产品电子商务的发展现状和发展趋势。

能力目标

- 能够调研主流电子商务平台的农产品信息。
- 能够研读农产品电子商务的相关政策文件。

素质目标

- 厚植"三农"情怀，坚定理想信念，为推进乡村全面振兴贡献力量。
- 树立绿色、低碳、可持续发展理念，积极探索农产品电子商务的绿色化发展。

我国成全球最大农产品电商国

在 2024 年中国农产品电商高层研讨会上，著名流通经济专家丁某表示，"商务部把 2024 年定为促进消费年，农产品电商责无旁贷，要发掘农产品电商新动能，创新农产品电商新模式。"

会议期间，相关部委领导、农产品电商企业代表、学者及行业人士总结了"数商兴农"的实践经验，探讨了农产品电商未来的发展路径和创新方向。"中国已成为世界第一大农产品电商国。"农业农村部信息中心主任王某表示，20 多年来，我国农产品电商从无到有，从小到大，关键在于运用互联网技术和信息化手段实现了产销对接，在发展过程中不断创新运用新技术、新媒体和新平台。

例如，拼多多通过搭建"农地云拼"系统（见图 1-1），将分散的农业产能和农产品需求在线上归集，形成爆款，减少了农产品交易的中间环节，在降低终端售价的同时提高了农户的收益。

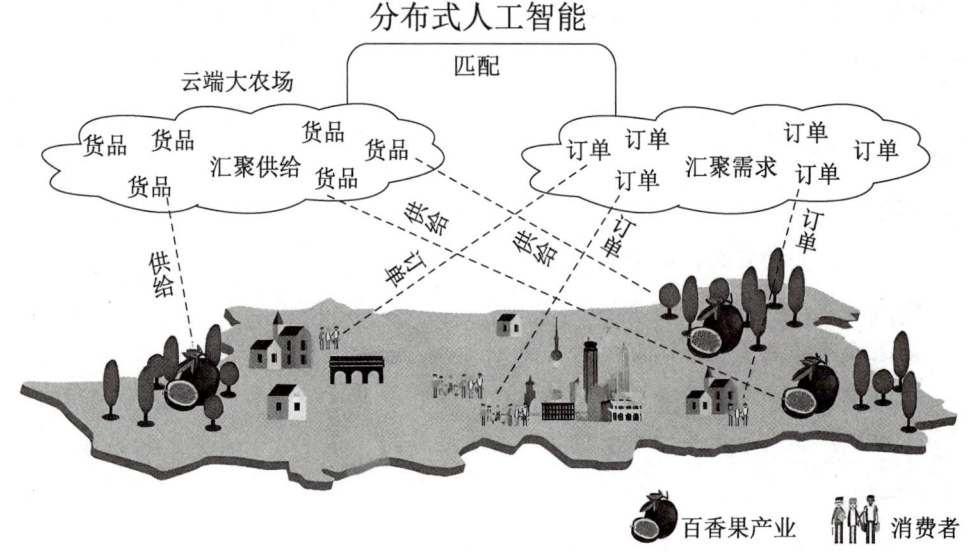

图 1-1 "农地云拼"系统示意图

此外，拼多多通过完善生鲜冷链物流体系等数字经济基础设施，打造了生鲜农货48 小时内发货、坏果包赔、偏远地区包邮等行业标准。以新疆维吾尔自治区为例，拼多多自 2023 年起与中国邮政等快递企业合作，开通新疆维吾尔自治区包裹中转集运包邮业务，改善了当地消费者的网购体验。

在研讨会上，北京工商大学经济学院洪教授发布了《2024中国农产品电商发展报告》。报告显示，随着我国进入新的经济和消费周期，数字农产品电商也进入高质量发展时期。2023年我国农产品网络零售额达5 870.3亿元，比上年增长12.5%。此外，2023年我国农产品物流总额再创新高，达5.3万亿元，同比增长4.1%，从2021年到2023年，农产品物流总额连续3年超过5万亿元。虽然农产品进城规模增大，"路费"却下降了，数据显示，物流费率由2012年的18%下降到2023年的14.4%。

"农产品电商大有可为。"丁某说。他建议，创新农产品电商的模式和场景，应从人才、生产工具、生产关系入手。其一，打造能创造新质生产力的战略人才和熟练掌握新增生产资料的应用型人才；其二，充分使用新型生产工具，掌握核心技术，赋能发展新型农产品电商；其三，塑造适应新质生产力的生产关系，着力打通束缚新质生产力发展的堵点、卡点，让国内先进、优质的生产要素向发展新质生产力高效配置。

（资料来源：余向东，《2024中国农产品电商发展报告：我国成全球最大农产品电商国 拼多多等引领数字转型》，中国农网，2024年3月18日）

? 请思考：

什么是农产品电子商务？农产品电子商务对农村发展有哪些积极作用？

任务一 认识农产品电子商务

 任务导入

如今，各大电子商务平台上的农产品种类越来越丰富。新疆的哈密瓜、黑龙江的大米、江苏的大闸蟹、内蒙古的牛肉干……消费者只需点击屏幕上的购买按钮，第二天这些产地远隔千里的特色农产品可能就已经送到了家门口。消费者能够实现"农产品自由"，农产品电子商务功不可没。

本任务首先介绍农产品、电子商务，以及农产品电子商务的基础知识，然后通过调研主流电子商务平台的农产品信息，来更为直观地认识农产品，加深对农产品电子商务的认识。

一、农产品的基础知识

农产品（见图1-2）是人们日常生活中不可或缺的一部分，在经济发展和社会稳定等方面都起着非常重要的作用。

（一）农产品的定义

农产品的定义有很多，各个定义涵盖的范围略有不同。《中华人民共和国农产品质量安全法》对农产品的定义：来源于种植业、林业、畜牧业和渔业等的初级产品，即在农业活动中获得的植物、动物、微生物及其产品。《中国农村工作大辞典》对农产品的定义：农业生产各部门生产的所有动植物产品，包括种植业部门的产品、畜产品、林产品、水产品等。《现代农村经济辞典》对农产

图 1-2　农产品示意图

品的定义：农业各部门（农、林、牧、渔）的直接产品，也包括狩猎和采集的副业产品。

综上所述，农产品就是指从农业活动中获得的产品。这些产品有的是直接从农业活动中获得的，有的是经过简单的加工处理（如分拣、去皮、剥壳、粉碎、清洗、切割、冷冻、打蜡、分级、包装等）后获得的。

（二）农产品的特征

一般来说，农产品主要有以下几个特征。

1. 地域性和差异性

地理环境对农产品的影响极大，它决定了一个地区适宜生长的农产品品种。例如，我国南方地区河网密布，降水量多，适合种植水稻；北方地区寒冷干燥，降水量少，适合种植小麦。

此外，由于不同地区的气候条件、土壤质量、农业技术水平等不同，同一品种的农产品在不同地区生长，其生长周期、产量、品质等往往表现出显著的差异性。例如，由于日照充足、昼夜温差大等原因，新疆维吾尔自治区的水果比其他地区的水果更甜。

2. 季节性和价格波动性

农产品通常具有明显的季节性特征，而季节性特征又导致农产品在价格上具有波动性。以西瓜为例，几乎每年西瓜的价格都会经历"冬春价高，夏季回落，秋冬上扬"的波动，这与西瓜的季节性特征紧密相关——西瓜在夏季成熟并集中上市，市场供应量增多，价格下调；在其他季节，市场供应量减少，价格上调。

3. 鲜活性和易损性

农产品通常未经过多重加工，保持了自然、鲜活的特征，所以大多数农产品的保质期比较短，如蔬菜、鱼、虾等的保质期一般不超过 7 天，且在运输过程中极易发生损耗。

4. 安全性和品质性

俗话说，民以食为天。很多农产品是直接满足人们基本生活需要的，如粮食、蔬菜等。

因此，农产品的安全问题受到全社会的重视，农产品从生产到销售的各个环节都有着严格的质量安全把控。

农产品的品质是指农产品的优质程度，它涵盖多个方面，如外观、风味、口感、营养成分、加工技术等。例如，有"葱王"之称的章丘大葱，其品质表现为葱白长且直，口感脆嫩爽口、无筋无渣，并且富含蛋白质、维生素等。

（三）农产品的分类

农产品种类繁多，一般可以将其分为粮油、果蔬及花卉、林产品、畜禽产品、水产品和其他农副产品，具体如表 1-1 所示。

表 1-1　农产品的分类

类　别	说　明
粮油	粮食和油料及它们的初加工品，如稻谷、小麦、大米、油菜籽、花生油等
果蔬及花卉	果品、蔬菜和花卉。 果品是水果和干果的总称，如苹果、西瓜、栗子、榛子、柿饼等。蔬菜是指具有食用价值的植物和菌类，如萝卜、莴笋、大白菜、茄子、香菇等。花卉是指具有观赏价值的草本植物，如月季、牡丹、芍药、美人蕉、罗汉松等
林产品	木材及其副产品，如楠木、樟木、松木、松香、栲胶等
畜禽产品	人工饲养的用于满足人们需要的畜禽及其初加工品，如肉、乳、蛋、毛皮等
水产品	水生的具有食用价值的动植物及它们的初加工品，如带鱼、鲅鱼、鲤鱼、海带、对虾、河蟹等
其他农副产品	除上述农产品类别外的其他农副产品，如茶叶、中药材、蜂蜜、调味品等

二、电子商务的基础知识

商务活动在人类社会中有着数千年的历史，而电子商务则是在 20 世纪 90 年代信息技术应用于商务活动以后才产生的。电子商务让人们体验到了信息社会的便捷和高效，在短短几十年的时间里，电子商务就成为信息化时代的标志性活动。

（一）电子商务的概念

电子商务的概念有广义和狭义两种。广义的电子商务是指通过各种电子方式（包括电话、广播、电视、传真、计算机网络、移动通信等）进行的商务活动，如图 1-3 所示。狭义的电子商务是指通过互联网进行的交易活动，强调交易的执行过程，如图 1-4 所示。本书所讲的电子商务指的是狭义的电子商务。

图 1-3　广义的电子商务概念图解　　　　　图 1-4　狭义的电子商务概念图解

（二）电子商务的特点

与传统商务活动相比，电子商务具有以下几个特点。

（1）全球化。随着互联网在全球范围的普及，世界上任何地方的企业或个人都可以通过互联网开展商务活动，促进了全球范围内产品和服务的流通。

（2）便捷性。电子商务消除了传统商务活动的时空限制，让商家和消费者可以随时随地进行交易。同时，电子商务简化了传统交易流程，由电子商务系统自动处理交易信息，无须人工干预，从而使交易活动更加轻松、便捷。

（3）低成本。对于商家来说，在电子商务平台上开展商务活动，无须支付店铺租金和装修费用，营销成本较低；对于消费者来说，足不出户即可货比三家并购买所需产品，节省了交通和时间成本。此外，电子商务还促成了生产厂商和消费者的直接交易，减少了中间成本。

（4）可扩展性。电子商务与传统行业的结合扩大了商务活动的范围和规模，极大地促进了社会经济发展，并且未来仍有巨大的发展潜力。例如，跨境电子商务就是电子商务与外贸行业的结合，农产品电子商务就是电子商务与农产品行业的结合。

三、农产品电子商务的基础知识

农产品电子商务是当前电子商务发展的热门领域，它不仅扩大了电子商务的应用范围，还有力地促进了农村地区经济的发展。

（一）农产品电子商务的概念

农产品电子商务是指利用互联网等信息技术进行的一系列农产品交易和管理活动。它连接着农产品的生产者、销售者和消费者，促进了农产品交易和管理的数字化、信息化、智能化。通俗地说，农产品电子商务就是"农产品+电子商务"，即专注于农产品的电子商务活动。

有些人将农产品电子商务与农村电子商务理解为同一概念。其实，从概念的角度来讲，农产品电子商务属于农村电子商务。农村电子商务包含"上行"和"下行"两部分，"上行"

是指通过电子商务平台推动农产品向外部市场流通，对应农产品电子商务；"下行"是指通过电子商务平台将外部市场的产品和服务引入农村地区。

 课堂讨论

"我没有带你去看过长白山皑皑的白雪，我没有带你去感受过十月田间吹过的微风，我没有带你去看过沉甸甸地弯下腰、犹如智者一般的谷穗，我没有带你去见证过这一切。但是，亲爱的，我可以让你品尝这样的大米。"2022 年 6 月，某网络主播因在直播带货农产品时金句频出而在网络上爆红。随着该网络主播的走红，之前在直播电商领域较为少见的农产品逐渐进入大众的视野。2024 年，该网络主播在山西、河南等地举办了多场农产品专场直播电商活动，不少农产品上架几分钟就全部脱销了。

同学们有过网购农产品的经历吗，体验如何？请和身边的同学交流一下吧！

（二）农产品电子商务的特点

农产品具有一定的特殊性，这使得农产品电子商务具有以下几个特点。

1. 可交易的农产品种类多样

在农产品电子商务平台上，可交易的农产品种类非常丰富，涵盖粮食、蔬菜、水果、肉类、水产等。因此，农产品电子商务平台能够为消费者提供多样化的产品选择，以满足不同消费者的需求。

2. 对仓储和物流要求较高

许多农产品是生鲜产品，保质期短、易腐烂，因此对仓储和物流的要求较高。可以说，仓储和物流体系是否完善对农产品电子商务的发展具有决定性影响。

3. 对农产品质量安全要求严格

农产品是人类饮食文化的重要组成部分，农产品质量安全直接关系到消费者的身体健康和生命安全。通常情况下，消费者对农产品的质量安全要求较高，因此建立消费者对农产品质量安全的信任至关重要。例如，许多农产品电子商务商家会进行农产品品牌认证，并建立详细的农产品信息追溯体系，以此取得消费者的信任。

（三）农产品电子商务的内容

农产品电子商务通过数字化、信息化的手段，对农产品从产地到消费者手中的全过程进行管理，实现了农产品高效、顺畅的流通。一般来说，农产品电子商务涉及农产品市场调研与定位、农产品质量安全管控与品牌建设、农产品网络营销、农产品电子商务仓储与物流管理、农产品电子商务支付与客户服务等多个方面的内容。

1. 农产品市场调研与定位

农产品市场调研是农产品电子商务的基础工作，目的是获取与农产品市场及消费者有关的各种信息，以便为经营决策提供参考。通过市场调研可以帮助农产品电子商务商家寻找最佳销售市场、了解目标消费群体的需求、规避市场风险等。

电子商务时代，以消费者为中心的经营理念深入人心。农产品电子商务需要通过产品定位满足目标消费群体的需求，从而形成商家或产品的核心竞争力。

2. 农产品质量安全管控与品牌建设

农产品质量安全管控是农产品电子商务的重要内容，包括质量安全认证、质量安全追溯等，目的是确保农产品在生产及流通过程中的质量安全，提高消费者对农产品的信任度。

品牌建设包括品牌命名、包装设计等。农产品电子商务商家通过建设农产品品牌，能够增强农产品的市场竞争力，从而提高农产品的销量。

3. 农产品网络营销

农产品网络营销是农产品"走出去"的关键。农产品电子商务需要借助多种网络营销手段将农产品推送给消费者。例如，越来越多的农民化身主播，在直播平台展示农耕场景，并推荐特色农产品，让田间地头的农产品焕发出全新的生命力。

4. 农产品电子商务仓储与物流管理

对仓储和物流的要求较高是农产品电子商务最鲜明的特征之一。农产品电子商务商家需要通过科学的仓储管理对农产品进行储存和保鲜，同时还需要高效的物流配送系统，确保农产品能够及时送到消费者手中。

5. 农产品电子商务支付与客户服务

支付是农产品电子商务必不可少的环节。农产品电子商务商家需要为消费者提供多样、便捷、高效、安全的在线支付方式，方便消费者购买农产品。

优质的客户服务能够有力地提升消费者的购物体验，提高消费者的满意度和忠诚度。因此，农产品电子商务商家需要提供高质量的客户服务，及时回答消费者的疑问并解决售后问题。

（四）发展农产品电子商务的重要性

具体来说，发展农产品电子商务的重要性有以下几点。

1. 减少农产品交易的中间环节，促进产销对接

当前，农产品批发市场仍然是我国农产品流通的主要渠道，承担着大部分农产品的流通与集散功能。但是，以农产品批发市场为核心的传统农产品流通模式通常存在交易中间环节过多、产销对接不畅等问题，限制了农产品市场的进一步发展。

农产品电子商务可以有效弥补传统农产品流通模式的不足。一方面，农产品电子商务可以为农产品供应方提供基于互联网的销售渠道，使其可以直接与消费者进行交易，从而

减少交易的中间环节（见图 1-5），降低交易成本，促进农民增收；另一方面，在农产品电子商务模式下，交易双方可以进行充分的沟通，实现产销精准对接，从而降低因信息不对称而带来的损失或风险。

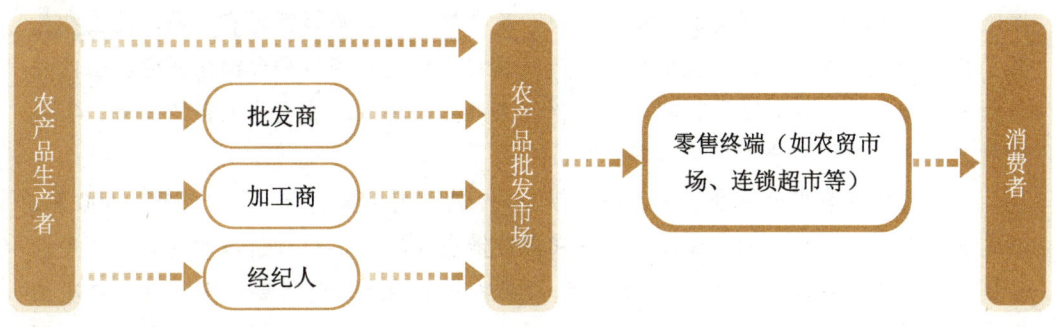

图 1-5　农产品电子商务减少了农产品交易的中间环节

2. 带动农业生产提质增效

在当前小规模、分散的农业生产模式下，农产品的规范化、标准化生产面临较大困难，并且不利于农产品质量安全管控。发展农产品电子商务可以促进农业生产的规模化，并可以此为基础推进农业生产的规范化、标准化和智能化，进而带动农业生产提质增效。

3. 提高我国农产品的国际竞争力

在经济全球化的大背景下，产业发展势必要走出国门参与国际竞争。农产品国际竞争力是衡量我国农业产业发展质量的重要指标。发展农产品电子商务有利于提高农产品的品质和生产效率，规范农产品电子商务经营主体的行为，促进农产品品牌建设，从而为我国农产品"走出国门"打下基础。

4. 吸引更多优秀人才投身农村事业

发展农产品电子商务有助于带动农村创业和就业，吸引更多的优秀人才投身农村事业，带动农村基础设施提档升级，打通城乡人才交流通道，从而为乡村全面振兴奠定人才基础。

案例阅读

"豫见新疆"汇聚强大合力，全面助推乡村振兴

2024年8月28日，第二届哈密"豫见新疆"农特产品交易会在新疆维吾尔自治区哈密市盛大开幕。这届交易会规模宏大，集中展示销售新疆特色农产品，巩固和拓宽了豫疆产销流通渠道，让优质特色农产品通过"豫见新疆"平台销往河南及国内外更大的市场，进一步促进了新疆涉农特色优势产业集群和农业全产业链的发展，实现乡村产业提档升级，全面助推乡村振兴。

郑州某果业有限公司是一家水果连锁公司，其全国连锁门店数量已突破1 500家。在这届交易会上，该公司与新疆10多家供应链企业签约，助力新疆特色农产品走向全国。该公司总经理白某说："以前，我们在新疆采购水果时需要东奔西走，这次由政府搭建平台，我们直接和新疆很多优秀供应商对接，把新疆最好的农产品输送到河南，乃至全国。"与该公司签约的新疆某农业科技有限公司总经理韩某说："没合作前，我们要到各地找渠道、客商去推销，现在和大型连锁门店合作了，我们就能带动更多农户参与种植，增收致富。"

这届交易会通过线上线下"双轮驱动"，让供需信息完美匹配。线下，采购商对接洽谈区，供需双方深度对话；线上，交易平台提供商务信息查询。这一创新拓宽了合作的渠道，也让每一次供需对接都更加精准高效，为农业产业高质量发展、乡村全面振兴、农民福祉提升汇聚强大合力。

新疆维吾尔自治区商务厅二级巡视员张某说："新疆特色农产品体量比较大，种类比较多，既需要电子商务平台，也需要线下平台来促进销售。这个交易会是线上线下一起，这两种方式是相互补充的。这种交易会能够聚集更多采购商、供应商，把新疆特色农产品销售到全国各地，直至世界各地。"

（资料来源：田玉、郭子毅、麦麦提·玉苏普，《"豫见新疆"汇聚强大合力全面助推乡村振兴》，"大象新闻"百家号，2024年8月29日）

案例解析：

当前，线下的农产品批发市场仍然是我国农产品流通的主要渠道，但存在信息衔接不畅的问题，为农产品寻找销路往往需要农户和商家东奔西走。政府牵头搭建农产品电子商务平台，可以吸引更多的供应商和采购商，使农产品的产销对接更加高效，也让更多、更好的优质特色农产品更便捷地走进千家万户。

📋 任务实施——调研主流电子商务平台的农产品信息

下面通过调研天猫商城的农产品信息，来更为直观地认识农产品，加深对农产品电子

商务的认识。具体步骤如下。

步骤 1 启动浏览器，访问天猫商城网站（www.tmall.com），将鼠标指针移至网站首页"分类"栏目中的"食品/生鲜/健康"产品类目上，显示其产品类目列表，如图1-6所示。

调研农产品信息

图1-6 "食品/生鲜/健康"产品类目列表

步骤 2 分析"食品/生鲜/健康"产品类目列表中的产品品类，并统计其中的农产品。统计结果如表1-2所示。

表1-2 天猫商城的农产品品类

类　别	子　类
粮油调味	大米、食用油、面、杂粮、调味品、南北干货等
中外名酒	白酒、葡萄酒、洋酒、啤酒、果酒等
休闲食品	肉干肉脯、坚果炒货、蜜饯果干等
饮料冲调	牛奶、茶、蜂蜜/蜂产品等
新鲜水果	苹果、橙子、奇异果/猕猴桃、火龙果、榴莲、芒果、椰子、车厘子等
蔬菜蛋品	蛋品、叶菜类、根茎类、葱姜蒜椒、鲜菌菇、半加工豆制品、玉米、山药等
精选肉类	猪肉、牛肉、羊肉、鸡肉、鸭肉、冷鲜肉、内脏类、牛排等
海鲜水产	鱼类、虾类、蟹类、贝类、海参、鱿鱼/章鱼、活鲜、三文鱼、大闸蟹、小龙虾等

步骤 3 筛选农产品。在"食品/生鲜/健康"产品类目列表中单击"大米"文字链接，进入大米产品的搜索结果展示页面。单击筛选条件区域的"销量"按钮，将畅销的大米产品靠前显示，如图1-7所示。

图 1-7　筛选后的大米产品列表

步骤 4　收集并记录大米产品的相关信息。依次单击排名前三的大米产品，了解它们的产地、保质期、储存条件，以及商家提供的保障，并记录下来。

步骤 5　参照上述方法，收集并记录橙子、胡萝卜、三文鱼产品的相关信息。

步骤 6　将收集的农产品信息整理成表格并进行分析。整理结果如表 1-3 所示。

表 1-3　天猫商城中农产品的相关信息

品　类	产　地	保质期	储存条件	商家提供的保障
大米	吉林省、黑龙江省、内蒙古自治区	180～365 天	放置于阴凉干燥处	假一赔十、退货宝、破损包退等
橙子	江西省、广西壮族自治区、湖北省	7～15 天	冷藏储存	坏单包退、生鲜极速退等
胡萝卜	山东省、河南省、浙江省	7～15 天	冷藏、常温储存	坏单包退、生鲜极速退等
三文鱼	挪威、江苏省	5～365 天	冷藏、冷冻储存	坏单包退、极速退款、假一赔四等

分析结果如下。

（1）热销大米产品的产地集中在我国东北地区；橙子的产地集中在我国南方地区；胡萝卜在我国各地均有种植，其主要产地包括山东省、河南省、浙江省等；三文鱼的产地集中在沿海地区，这一现象体现了农产品的地域性特征。

（2）农产品的保质期普遍较短，且在运输过程中易发生损耗，因此商家普遍提供了坏单包退、破损包退等保障，以及优质的物流服务，体现了农产品电子商务对物流要求较高的特点。

任务二　了解农产品电子商务的发展

 任务导入

　　近年来，我国数字乡村建设步伐加快，实现了农村互联网基础设施建设全面覆盖，同时政府积极出台推动农产品电子商务发展的相关政策，释放了大量政策红利。在此背景下，农产品电子商务实现了高速发展。

　　本任务首先介绍我国农产品电子商务的发展现状和发展趋势，然后通过研读农产品电子商务的相关政策文件，了解我国政府对农产品电子商务发展的高度重视和大力支持。

一、农产品电子商务的发展现状

　　近年来，随着我国消费者网络购物习惯的养成，农村数字化基础设施的不断完善，国家政策支持力度的不断加大，我国农产品电子商务始终处于快速发展阶段。具体表现在以下几个方面。

（一）农产品网络零售额不断增长

　　2019—2023 年，我国农产品网络零售额连续增长，如图 1-8 所示。其中，2023 年，我国农产品网络零售额约 5 870 亿元。

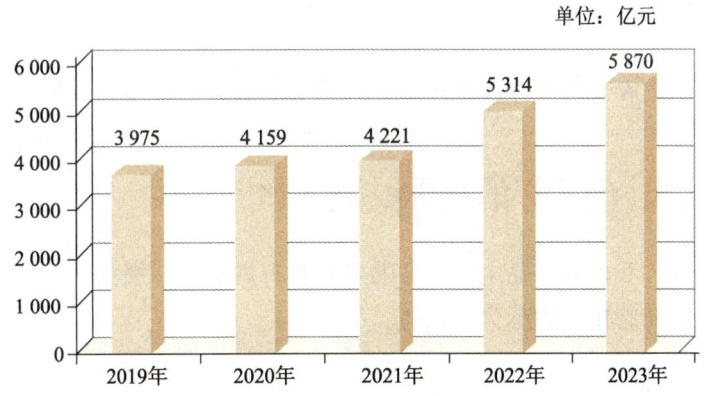

图 1-8　2019—2023 年我国农产品网络零售额统计情况

　　分地区看，2023 年，东、西、中部和东北地区农产品网络零售额占全国农产品网络零售额比重分别为 63.9%、15.7%、14.9% 和 5.5%，分别增长 11.8%、16.9%、13.1% 和 6.8%。

（二）农产品电子商务覆盖范围不断扩大

农产品电子商务最初在我国东部地区萌芽，随后逐渐向全国范围扩散。《2024 中国农产品电商发展报告》显示，我国农产品网络零售市场呈现出东、西、中部地区竞相发展，各类农产品加速覆盖的良好态势。越来越多鲜为人知的农产品借助农产品电子商务"走出去"，有力地促进了农村地区经济的发展。

（三）农产品电子商务平台数量不断增加

随着农村地区电子商务生态环境的不断优化，大量的互联网企业进入农产品电子商务领域。同时，我国各级政府为发挥农产品电子商务在助推农村经济发展方面的优势，也在积极组织建设农产品电子商务平台，农产品电子商务平台数量不断增加。数据显示，2022 年，我国涉农电子商务平台有 3 万多个，其中农产品电子商务平台有 4 000 多个，占比约 13.3%。

（四）农产品电子商务模式不断丰富

过去受基础设施和物流条件的限制，我国农产品电子商务主要以传统电子商务模式为主，存在销售形式单一、专业垂直性差、较难实现产业一体化等问题。近年来，随着基础设施的不断完善，以及寄递物流体系的基本成形，农产品电子商务模式不断丰富，直播电商、微商、社区团购、拼购等新模式、新业态兴起。例如，2023 年，广东省江门市新会区近 4 万亩柑地首次与直播平台合作，采用"线上购买，线下提货"模式预售新会柑，创下直播 7 天热销超 700 万元的惊人佳绩。

直播电商助力农产品
"走出去"

> **课堂讨论**
>
> 谈一谈自己家乡发展农产品电子商务的优势和劣势。

二、农产品电子商务的发展趋势

从宏观上来说，我国农产品电子商务的发展具有规模化、规范化、标准化、网链化、绿色化、数智化、品牌化、国际化等趋势。

（一）规模化

目前，我国通过积极推动农村集体产权制度改革，促进农产品区域公用品牌建设，为农产品电子商务经营主体提供资金等方式，不断促进农产品电子商务规模化发展。对于农

产品生产经营者来说，农产品电子商务的规模化发展可以降低交易成本，提高经营效率。

（二）规范化

从《中华人民共和国电子商务法》《中华人民共和国食品安全法》《中华人民共和国农产品质量安全法》到《食用农产品市场销售质量安全监督管理办法》《网络食品安全违法行为查处办法》，我国正建立健全农产品电子商务法律法规体系。此外，相关部门在监管模式上不断创新，加强对农产品电子商务经营主体规范经营的引导，农产品电子商务的交易活动越来越规范，违法、违规现象正逐年减少。

（三）标准化

2018年3月，国家市场监督管理总局、农业农村部等七部委联合印发《关于开展农产品电商标准体系建设工作的指导意见》（以下简称《指导意见》）。《指导意见》根据农产品电子商务发展需要，统筹考虑与农产品电子商务相关的工业和信息化、农业、商务、林业、邮政、供销等部门职责，重点围绕农产品质量分级、采后处理、包装配送等内容，提出农产品电子商务标准体系框架，如图1-9所示。

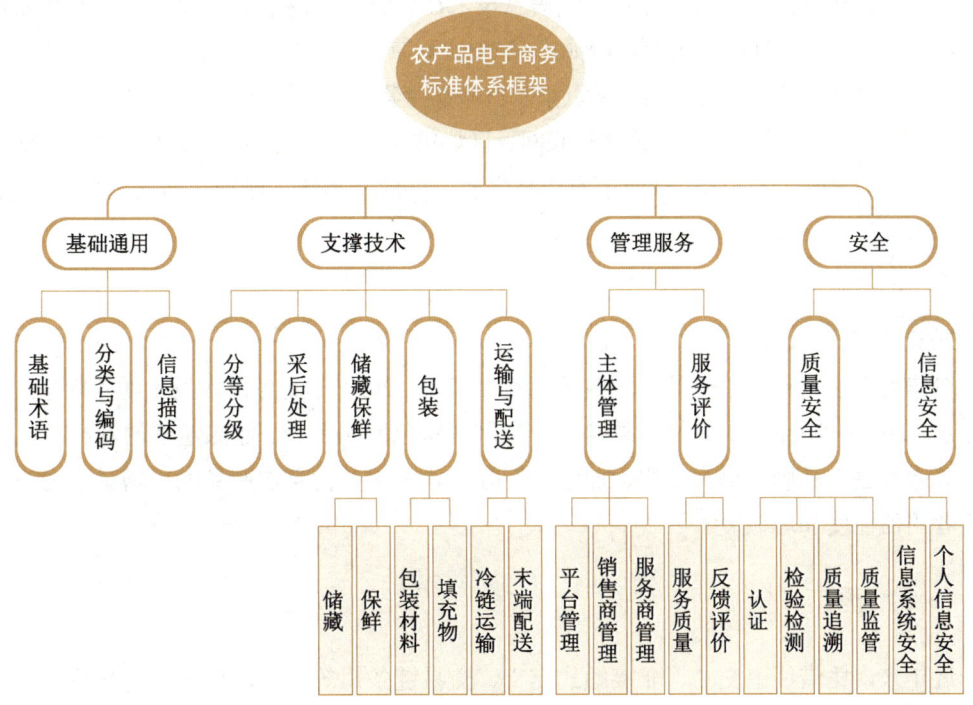

图1-9　农产品电子商务标准体系框架

（四）网链化

网链化是指将产业链、价值链、供应链、技术链形成有机整体，从而优化资源配置，提高农产品的市场竞争力。例如，中国电信山东潍坊分公司以区块链技术为核心，利用区块链去中心化、分布式存储、不可篡改三大核心特点，打造蔬菜产业全链条数字化管理平台，进一步提高农业生产及管理效率，实现蔬菜生产数据的全流程溯源。

（五）绿色化

绿色发展是构建高质量现代化经济体系的必然要求，也是电子商务高质量发展的重要内容。我国各级政府和农产品电子商务企业通过积极打造绿色优质农产品全产业链体系，提升绿色食品产销对接销量及品牌价值，加强快递包装绿色治理工作等方式，不断促进农产品电子商务绿色化发展。

（六）数智化

数智化即"数字化+智能化"。随着 5G、物联网、大数据、云计算、区块链、人工智能（artificial intelligence, AI）等新一代信息技术在各行各业的深入应用，我国农产品电子商务也进入数智化发展的新阶段。例如，在"2024 京东农业科技大会"上，京东科技集团发布了农业数字化解决方案，该方案以京东自研的生物资产数字化平台为基础，引入 AI 盘点、AI 识别、AI 监管等技术，结合物联网、区块链存证等先进手段，实现了农产品交易的"产、供、销、融"一体化，打通了农产品生产、供应、销售、融资全链路的数据要素。

（七）品牌化

2022 年农业农村部印发《农业品牌精品培育计划（2022—2025 年)》，提出将农业品牌打造作为推进农业供给侧结构性改革的重要抓手。2024 年商务部印发《数字商务三年行动计划（2024—2026 年)》，提出要培育一批区域特色网络品牌。越来越多的农产品电子商务商家通过建立品牌、提高品质、加强营销等方式来提升自身农产品的市场竞争力，提高消费者的信任度和忠诚度。

（八）国际化

近年来，凭借线上交易、非接触式交货、交易链条短等优势，跨境电子商务与农产品电子商务创新融合，越来越多的国内农产品走向更广阔的国际市场。农产品跨境电子商务保持良好发展势头，催生了农产品跨境电商直播新业态、新模式，带动了食品品牌快速出海，激活了农业特色产业集群发展新动能。

 任务实施——研读农产品电子商务的相关政策文件

　　现阶段，我国农产品电子商务相关的政策支持体系在不断完善，为农产品电子商务的持续健康发展创造了良好的环境。下面通过检索农产品电子商务的相关政策，并选择其中一个政策文件进行研读，了解我国政府对农产品电子商务发展的高度重视和大力支持。具体步骤如下。

研读农产品电子商务的相关政策文件

　　步骤1　启动浏览器，搜索关键词"农产品电子商务相关政策"，然后对搜集到的农产品电子商务相关政策进行整理。整理结果可参考表1-4。

表1-4　农产品电子商务相关政策

时　间	政策文件	发文机关	相关内容
2022年1月	《数字乡村发展行动计划（2022—2025年）》	中央网络安全和信息化委员会办公室等十部门	深化农产品电子商务发展。支持农业龙头企业、农民专业合作社，以及种养殖大户、家庭农场等新型农业经营主体通过网络销售区域特色农产品；持续实施"数商兴农"，积极打造农产品网络品牌；加快农村寄递物流体系建设，分类推进"快递进村"工程
2024年2月	《中共中央　国务院关于学习运用"千村示范、万村整治"工程经验有力有效推进乡村全面振兴的意见》	中共中央、国务院	推动农村流通高质量发展。深入推进县域商业体系建设，健全县乡物流配送体系；推进农产品批发市场转型升级；优化农产品冷链物流体系建设；实施农村电商高质量发展工程，推进县域电商直播基地建设，发展乡村土特产网络销售
2024年3月	《关于推动农村电商高质量发展的实施意见》	商务部等九部门	提出用5年时间，基本建成设施完善、主体活跃、流通顺畅、服务高效的农村电商服务体系。农村网络零售额、农产品网络零售额年度增速高于同期全国乡村消费品零售额增速，农村网商（店）数稳步增长，农村数字消费实现提质升级，助力农产品上行和农民增收取得明显成效，为乡村振兴提供有力支撑
2024年4月	《数字商务三年行动计划（2024—2026年）》	商务部	实施农村电商高质量发展工程，培育一批农村电商直播基地和县域数字流通龙头企业，组织开展农村直播电商相关活动，推动农产品产业链数字化转型。实施"数商兴农"，组织实施优质农产品"三品一标"认证帮扶，培育一批区域特色网络品牌。完善农村寄递物流体系，推动农村电商与快递协同发展

步骤2 研读《关于推动农村电商高质量发展的实施意见》（以下简称《意见》）。

步骤3 了解《意见》的出台背景。

2024年中央一号文件（中共中央每年发布的第一份文件，现在已成为中共中央重视农村问题的专有名词）为《中共中央 国务院关于学习运用"千村示范、万村整治"工程经验有力有效推进乡村全面振兴的意见》。文件在"提升乡村产业发展水平"部分提出，要"推动农村流通高质量发展"。具体要求为，深入推进县域商业体系建设，

《意见》

健全县乡村物流配送体系，促进农村客货邮融合发展，大力发展共同配送；推进农产品批发市场转型升级；优化农产品冷链物流体系建设，加快建设骨干冷链物流基地，布局建设县域产地公共冷链物流设施；实施农村电商高质量发展工程，推进县域电商直播基地建设，发展乡村土特产网络销售；加强农村流通领域市场监管，持续整治农村假冒伪劣产品。

为深入贯彻党的二十大精神，落实2024年中央一号文件部署，推动农村电商高质量发展，服务构建新发展格局，提出《意见》。

步骤4 提炼《意见》中与农产品电子商务相关的内容。

《意见》中与农产品电子商务相关的内容如下。

（1）鼓励将农村电商服务站点升级为供应链中转仓、直播电商场所、前置仓等，充分盘活现有设施设备，助力当地特色农产品上行。

（2）支持发展"电商+产地仓+寄递物流"，形成集货、加工、配送、网销等统一供应链条，提高农产品上行效率。

（3）加强销售数据反馈，帮助生产主体改进生产决策、调整产品结构，提供适销对路的特色农产品。发展绿色、有机、名特优新和地理标志农产品，推进精深加工，提升产品品质，按照规定规范开具承诺达标合格证，并主动在网络交易平台展示。

（4）充分发挥电商平台、县级电商公共服务中心等的作用，为生产企业、农民合作社、网商、服务商提供品牌、商标注册服务。选择具备一定规模的当地特色农产品，引入专业团队，量身打造农村电商品牌营销方案，完善产品设计、视频拍摄、文案策划等配套服务，讲好产品故事，提高产品美誉度和市场知名度。

（5）将电商与农产品采摘采收、土特展销、农历赶集、乡村美食节等活动相结合，加载优秀传统文化、乡情民俗等元素，丰富场景内容，吸引城市居民下乡消费。

拓展阅读

乡村振兴战略

民族要复兴，乡村必振兴。2017年10月18日，党的十九大报告首次明确提出："实施乡村振兴战略。"要求坚持农业农村优先发展，加快推进农业农村现代化。同年，中央农村工作会议确定了实施乡村振兴战略"三步走"时间表：到2020年，乡村振兴战略取得重要进展，制度框架和政策体系基本形成；到2035年，乡村振兴战略取得决定性进展，农业农村现代化基本实现；到2050年，乡村全面振兴，农业强、农村美、农民富全面实现。

多年来，围绕"产业兴旺、生态宜居、乡风文明、治理有效、生活富裕"二十字方针和"产业振兴、生态振兴、文化振兴、人才振兴、组织振兴"五大抓手，国家出台了一系列加快推进乡村振兴的战略规划和政策举措，各地也相应制订了乡村振兴规划和行动方案。

2020年打赢脱贫攻坚战和总体上全面建成小康社会是我国乡村振兴战略取得重要进展的标志。现阶段，乡村振兴战略正在朝着第二步方略前行，还有十多年的时间，乡村振兴战略将取得决定性进展。与乡村振兴战略取得决定性进展相对应的标志，是基本实现农业农村的现代化，并且基本建成共同富裕的体制机制，形成城乡、地区、阶层差距明显缩小，中等收入群体处于主导的格局。

2022年10月16日，党的二十大报告提出："全面推进乡村振兴。"要求加快建设农业强国，扎实推动乡村产业、人才、文化、生态、组织振兴。

2024年2月3日，《中共中央 国务院关于学习运用"千村示范、万村整治"工程经验有力有效推进乡村全面振兴的意见》发布，这是党的十八大以来第12个聚焦"三农"的中央一号文件，文件以推进乡村全面振兴为主题，以学习运用"千万工程"经验为主线，对2024年及之后一个时期的"三农"工作作出全面部署。

产业振兴是乡村全面振兴的重中之重。近年来，各地在发展乡村产业方面已经有了一定基础。2023年，全国规模以上农产品加工业企业超过9万家，农产品电商销售额超过7 300亿元，乡村休闲旅游年接待游客超过30亿人次。然而，乡村产业规模小、主体弱、链条短、同质化等问题仍然较为突出。如何提升乡村产业发展水平？2024年中央一号文件作出了全面部署。

（1）发展乡村产业，关键是做好"土特产"文章，坚持产业兴农、质量兴农、绿色兴农，加快构建粮经饲统筹、农林牧渔并举、产加销贯通、农文旅融合的现代乡村产业体系，把农业建成现代化大产业。

（2）促进农村一二三产业融合发展。充分挖掘农业多种功能、乡村多元价值，推动农产品加工业优化升级，推进农产品生产和初加工、精深加工协同发展，抓好搞活农村流通，推动产业链延伸、价值链提升。

（3）抓好产业发展平台载体建设。统筹用好现代农业产业园、优势特色产业集群、农业产业强镇等，推动政策集成、要素集合、服务集中，提高产业集聚发展能力，通过平台载体提档升级促进产业提质增效。

（4）完善联农带农利益联结机制。发展乡村产业的根本是要让农民增收致富。要强化产业发展联农带农，促进企业和农户在产业链上优势互补、分工合作。健全新型农业经营主体和涉农企业扶持政策与带动农户增收挂钩机制，发展农业产业化联合体，让农民更多参与产业发展、分享产业增值收益。

3～5人一组，在网上查找资料并结合上述材料，讨论以下问题。

（1）当前我国正处于乡村振兴战略的哪个阶段？进展如何？

（2）农产品电子商务在乡村振兴战略中的作用有哪些？

（3）作为新时代的大学生，我们能从哪些方面助力乡村振兴？

项目考核

1．选择题

（1）下列选项中，不属于农产品的是（   ）。

    A．玫瑰花　　　　　　　　　　B．茶叶

    C．大白菜　　　　　　　　　　D．奶茶

（2）狭义的电子商务是指通过（   ）进行的交易活动。

    A．互联网　　　　　　　　　　B．移动通信

    C．电话　　　　　　　　　　　D．计算机网络

（3）下列选项中，不属于农产品电子商务特点的是（   ）。

    A．对物流要求较高

    B．可交易的农产品种类多样

    C．价格波动小

    D．对农产品质量安全要求严格

（4）下列选项中，（   ）的目的是获取与农产品市场及消费者有关的各种信息。

    A．农产品市场调研

    B．农产品电子商务支付

    C．农产品网络营销

    D．农产品电子商务仓储与物流管理

（5）下列关于我国农产品电子商务的说法，错误的是（　　　）。

    A．农产品电子商务不能减少农产品交易的中间环节

    B．农产品电子商务可以带动农业生产提质增效

    C．发展农产品电子商务有助于带动农村创业和就业

    D．发展农产品电子商务可以为我国农产品"走出国门"打下基础

2．判断题

（1）农产品必须是直接从农业活动中获得的产品。　　　　　　　　　（　　　）

（2）大多数农产品的保质期比较长。　　　　　　　　　　　　　　　（　　　）

（3）农产品电子商务对应农村电子商务的"上行"部分。　　　　　　（　　　）

（4）农产品电子商务只对农产品的生产环节有着严格的质量安全把控。（　　　）

（5）农产品电子商务对仓储和物流的要求较高。　　　　　　　　　　（　　　）

（6）农产品国际竞争力是衡量我国农业产业发展质量的重要指标。　　（　　　）

（7）对于农产品生产经营者来说，农产品电子商务的规模化发展可以降低交易成本，提高经营效率。　　　　　　　　　　　　　　　　　　　　　　　　　　　（　　　）

3．简答题

（1）农产品有哪些特征？

（2）简述农产品电子商务与农村电子商务的区别。

（3）简述发展农产品电子商务的重要性。

项目评价

全班学生每 3～5 人为一组，各组成员结合课前、课中和课后的学习情况，以及项目考核情况，按照表 1-5 的评价标准对本项目的学习成果进行自评和互评（组内成员互相打分），并请指导教师进行师评及总评。

表 1-5　项目评价

评价项目	评价内容	评价分数			
		分值	自评	互评	师评
知识 （60%）	农产品的定义、特征和分类	10 分			
	电子商务的概念和特点	10 分			
	农产品电子商务的概念、特点和内容	10 分			
	发展农产品电子商务的重要性	10 分			
	农产品电子商务的发展现状和发展趋势	20 分			

表1-5（续）

评价项目	评价内容	评价分数			
		分值	自评	互评	师评
技能（20%）	调研主流电子商务平台的农产品信息	10分			
	研读农产品电子商务的相关政策文件	10分			
素养（20%）	遵守课堂纪律，具有团队精神	5分			
	具有自主学习意识，做好课前准备	5分			
	积极参与教学活动，善于思考提问，勇于探索创新	5分			
	细致认真，出色完成任务实施及项目考核	5分			
合计		100分			
总评	综合得分：_____ 综合等级：_____	指导教师签字：_____			
总结提高	最突出的表现（优点或进步）： 还需改进的地方（缺点或不足）：				

说明：综合得分=自评（25%）+互评（25%）+师评（50%）；综合等级以"优"（综合得分≥90分）、"良"（80分≤综合得分＜90分）、"中"（60分≤综合得分＜80分）、"差"（综合得分＜60分）为标准进行评价。

项目二

农产品电子商务模式

项目导读

在全面推进乡村振兴，资金、技术、人才等资源加速向乡村聚集的背景下，农产品电子商务 B2B、B2C、C2C、O2O 等基本模式实现快速发展，新零售、社区团购、助农电商直播、认养农业等新模式不断涌现。选择合适的农产品电子商务模式，有助于农产品电子商务商家合理配置资源，明确盈利模式，适应消费者日益多样化的需求。

学习目标

知识目标

- 熟悉农产品电子商务 B2B、B2C、C2C、O2O 等基本模式的含义、类型和盈利模式。
- 熟悉农产品新零售模式、农产品社区团购模式、农产品直播电商模式、认养农业模式的相关知识。

能力目标

- 能够分析常见农产品电子商务平台的电子商务模式。
- 能够运用不同电子商务模式的农产品电子商务平台。

素质目标

- 坚持守正创新，探索农产品电子商务理论与模式创新。
- 弘扬敢为人先、不怕失败、锲而不舍的创新创业精神。

案例导入

盒马村"新零售+数字化农业"助力乡村振兴

2023 年 7 月 20 日，科技创新引领农业可持续发展大会暨首届"盒马村"乡村振兴大会在北京市召开。会上，盒马（中国）有限公司（以下简称"盒马"）与中国乡村发展基金会签约，将通过盒马村共同助力乡村振兴。

盒马村是指根据盒马的订单安排农业生产，使得产销之间形成稳定的供应关系，从而推动农产品标准化、精细化、品牌化改造，发展数字农业的村庄。盒马村的故事，始于 2019 年 7 月的四川省甘孜藏族自治州丹巴县。彼时，盒马的采购团队正在全国的田间地头寻找优质农产品。在丹巴县，他们发现了黄金荚这一特色农产品。黄金荚的味道很好，但由于物流不畅和产量较低等原因，从来没有"走"出过丹巴县。采购团队经过深入考察后，与当地村干部商定，首先帮助农户提高产量，稳定货源，然后利用盒马的供应链优势，让黄金荚走进遍布全国的盒马门店，如图 2-1 所示。

图 2-1　盒马门店内的黄金荚

盒马首席商品官赵某介绍，截至 2023 年 5 月，全国已建成 185 个盒马村，其中 47 个落地国家乡村振兴重点帮扶县，41 个是有机盒马村。有机蔬菜一直是盒马村布局的重点，近几年，越来越多的消费者通过盒马门店熟知并认可来自盒马村的有机蔬菜。

"如果好东西只能卖 3 天，生意做不好。"盒马负责人侯某说。让优质农产品持续稳定供应，是摆在盒马面前的体系化课题。侯某表示，近两年盒马建设了覆盖全国的冷链物流体系和供应链中心，希望通过规模化、工业化的方式，实现优质产品的稳定供应。例如，吉林省延边朝鲜族自治州的汪清木耳盒马村已采用全自动化、智能化设备，投资数亿元的黑木耳三级菌棒智能生产车间、黑木耳智慧温室大棚示范基地已经建成，农产品的产能、品控稳步提升。

有专家评论，盒马村的"新零售+数字化农业"新发展模式，为数字经济带动农业现代化、推动乡村振兴树立了新样本。

（资料来源：班娟娟，《盒马村再扩容 "新零售+数字化农业"助乡村振兴》，经济参考网，2023 年 7 月 21 日）

？ 请思考：

盒马村的"新零售+数字化农业"模式有哪些特点和优势？

任务导入

　　我国传统农产品流通模式通常要经历农户（或农产品生产企业）、农产品采购商、农产品批发商、农产品零售商、消费者等多个环节。电子商务的出现减少了农产品流通的中间环节，并催生出多种不同的农产品电子商务模式。

　　本任务首先介绍农产品电子商务的基本模式，包括 B2B 模式、B2C 模式、C2C 模式和 O2O 模式，然后通过分析拼多多电商平台的农产品电子商务模式，来加深对农产品电子商务基本模式的认识。

一、农产品电子商务 B2B 模式

　　B2B 模式中的"B"是英文单词 business 的缩写，代指企业，"2"是英文单词 to 的谐音，组合起来理解就是"企业对企业"的电子商务模式。B2B 模式是当前应用最广泛的农产品电子商务模式之一。

（一）农产品电子商务 B2B 模式的含义

　　具体来说，农产品电子商务 B2B 模式是指农产品供应企业（如农产品生产企业、农产品批发商等）通过农产品电子商务 B2B 平台与农产品采购企业（包括以农产品为生产原料的企业）开展交易活动的模式，如图 2-2 所示。

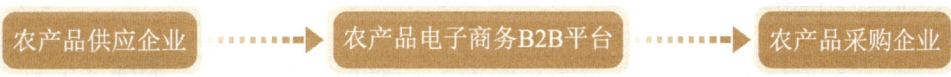

图 2-2　农产品电子商务 B2B 模式

　　在农产品电子商务 B2B 模式中，交易双方均为企业，交易活动具有订单金额大、需求稳定性强等特点。农产品电子商务 B2B 平台通常作为交易中介平台，为交易双方提供行业资讯分享、供求信息发布、交易撮合、金融支持及物流配送等服务。

（二）农产品电子商务 B2B 模式的类型

　　按照农产品电子商务 B2B 平台面向行业范围的不同，可将农产品电子商务 B2B 模式分为垂直 B2B 模式和水平 B2B 模式。

1. 垂直 B2B 模式

垂直 B2B 模式专注于某一特定农产品品类,如粮油、蔬菜、畜禽等,其特点在于"专业"。垂直 B2B 模式的农产品电子商务平台通过深入了解特定行业的需求和痛点,为企业提供专业的行业数据分析、产品和企业信息、供需信息、成交情况等信息服务,并能够利用自身优势整合上下游资源,为企业提供较为专业、全面的供应链服务,从而大幅提高农产品交易效率,降低农产品交易成本。目前,国内比较知名的垂直 B2B 模式的农产品电子商务平台有粮油商务网(见图 2-3)、美菜网等。

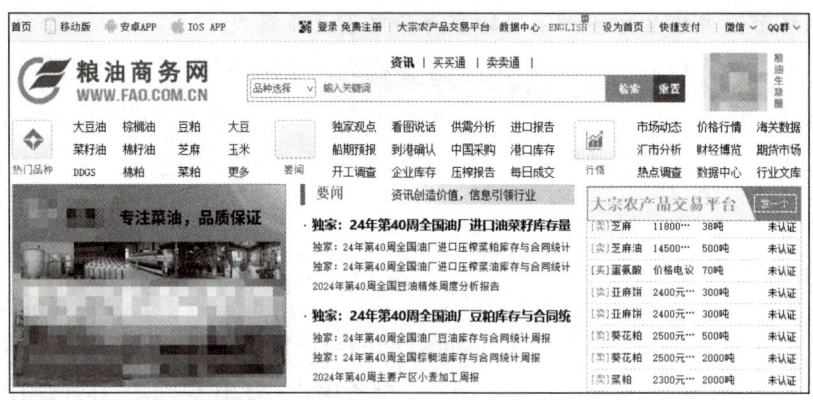

图 2-3　粮油商务网首页

2. 水平 B2B 模式

相较于垂直 B2B 模式,水平 B2B 模式则覆盖更广泛的农产品品类,其特点在于"全面"。水平 B2B 模式除面向农产品品类的范围比垂直 B2B 模式更广外,两者的经营模式基本相同。水平 B2B 模式的农产品电子商务平台汇聚了多样化的农产品品类,能够为交易双方提供更多的选择。目前,国内比较知名的水平 B2B 模式的农产品电子商务平台有惠农网(见图 2-4)、一亩田等。

图 2-4　惠农网首页

（三）农产品电子商务 B2B 模式的盈利模式

农产品电子商务 B2B 模式的盈利模式主要有以下几种。

1. 收取会员费

一般来说，成为农产品电子商务 B2B 平台的会员是企业获得信息服务或开展交易活动的前提，平台会据此向企业收取一定的会员费。例如，在某些平台上，农产品采购企业的联系方式默认是隐藏的，只有缴纳会员费成为平台会员才可以查看。

2. 收取广告费

大量企业在农产品电子商务 B2B 平台上聚集，使平台具备了一定的广告媒体属性。平台通过为企业提供广告服务来收取广告费，这也是农产品电子商务 B2B 平台的主要收入来源之一。

3. 收取交易佣金

交易双方通过农产品电子商务 B2B 平台达成交易，平台会从成交的订单中按一定比例收取佣金。

4. 收取增值服务费

农产品电子商务 B2B 平台通过为企业提供增值服务来收取相应的服务费。这些增值服务包括行业数据分析、信息技术服务（如大数据服务）、网上开店、融资服务等，可以帮助企业提高交易效率和经营效益。

5. 收取线下服务费

农产品电子商务 B2B 平台除了为企业提供线上交易服务，还会提供一些线下服务，如组织线下展会、研讨会，对农产品进行质量检测等，从而为交易双方提供更全面的支持，并据此收取相应的服务费。

二、农产品电子商务 B2C 模式

B2C 模式中的"C"是英文单词 consumer 的缩写，代指消费者，整体理解就是"企业对消费者"的电子商务模式。B2C 模式是农产品电子商务发展最快的模式之一。

（一）农产品电子商务 B2C 模式的含义

具体来说，农产品电子商务 B2C 模式是指农产品供应企业（如农产品生产企业、农产品零售商等）通过农产品电子商务 B2C 平台直接向消费者销售农产品的模式，如图 2-5 所示。

在农产品电子商务 B2C 模式中，各类农产品供应企业与消费者直接通过农产品电子商务 B2C 平台交易，减少了农产品流通的中间环节，降低了交易成本。此外，企业还可以通过平台的大数据服务，准确、全面地了解消费者对农产品的需求和偏好，从而有针对性地

制订营销策略，提高销售收入。

农产品供应企业 ┄┄▶ 农产品电子商务B2C平台 ┄┄▶ 消费者

图 2-5　农产品电子商务 B2C 模式

（二）农产品电子商务 B2C 模式的类型

按照农产品电子商务 B2C 平台经营主体的不同，可将农产品电子商务 B2C 模式分为自营 B2C 模式和第三方 B2C 模式。

1. 自营 B2C 模式

自营 B2C 模式是指农产品供应企业通过自己建立的农产品电子商务 B2C 平台直接向消费者销售农产品的模式。这种模式的优点是企业深度参与交易的全过程，能够更好地控制产品和服务质量，快速响应消费者的需求变化，从而提升消费者的满意度和信任度。国内较为知名的自营 B2C 模式的农产品电子商务平台有中粮我买网（见图 2-6）、沱沱工社等。

2. 第三方 B2C 模式

第三方 B2C 模式是指农产品供应企业通过第三方建立的农产品电子商务 B2C 平台向消费者销售农产品的模式。这种模式的特点是企业不需要自己建立平台，而是在已有的第三方平台上开设店铺，并通过平台进行产品销售和市场推广。第三方平台的优势在于拥有庞大的用户基础，可以帮助企业迅速接触到大量潜在消费者，并且能够为企业提供完善的支付和交易保障体系及高效的物流配送服务。

此外，第三方平台还会提供数据分析、营销推广等服务，以帮助企业更好地满足消费者的需求。国内知名的第三方 B2C 模式的农产品电子商务平台有天猫商城（见图 2-7）等。

图 2-6　中粮我买网 App 首页　　　　图 2-7　天猫商城上的农产品

自营 B2C 模式和第三方 B2C 模式可以同时存在于一个电子商务平台上,这种混合模式在大型电子商务平台中非常普遍。例如,京东商城既会吸引农产品供应企业在平台上开设店铺销售农产品,也会向农产品供应企业或农户采购农产品,然后以自营产品的形式出售给消费者。

(三) 农产品电子商务 B2C 模式的盈利模式

农产品电子商务 B2C 模式的盈利模式主要有以下几种。

1. 获取产品销售利润

在自营 B2C 模式中,农产品供应企业通过自建平台直接与消费者进行农产品交易,从而获取销售利润。

2. 收取平台佣金

在第三方 B2C 模式中,农产品电子商务 B2C 平台作为交易中介会从成交的订单中按一定比例收取佣金。

3. 收取会员费

在农产品电子商务 B2C 模式中,会员服务一般有两种:一种是针对企业的会员服务,如提供定制化的行业资讯、全流程的开店培训等;另一种是针对消费者的会员服务,如提供限时优惠券、包邮券、会员折扣等。农产品电子商务 B2C 平台会据此收取会员费。

4. 收取广告费

在第三方 B2C 模式中,农产品电子商务 B2C 平台上开设店铺的农产品供应企业数量众多,谁能引起消费者的关注,谁就有机会获得更多的订单。因此,广告推广就显得格外重要。一般来说,农产品电子商务 B2C 平台会为企业提供图文广告(见图 2-8)、竞价排名等多种广告服务,并向企业收取一定的广告费。

知识链接

　　竞价排名就是在一定时间内对产品关键词进行竞价,出价越高,产品信息出现在用户搜索结果列表中的位置越靠前。

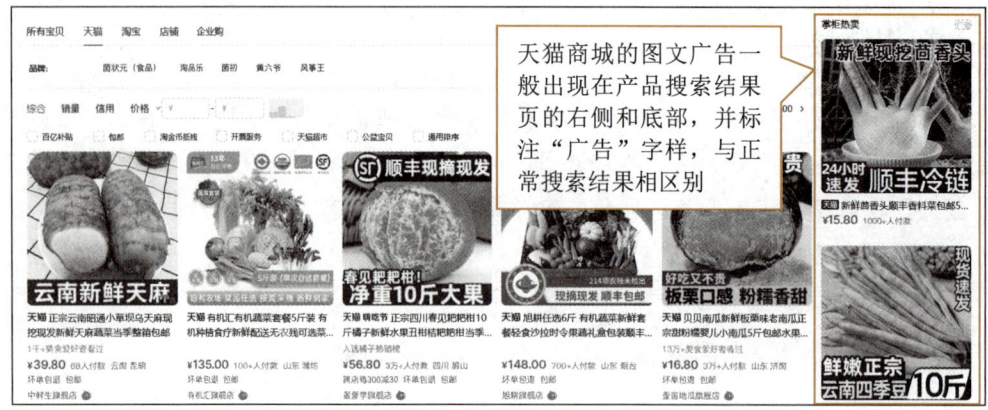

图 2-8　天猫商城的农产品图文广告

5. 收取服务费

在第三方 B2C 模式中，农产品电子商务 B2C 平台通常会为入驻平台的农产品供应企业提供多种多样的店铺运营服务和增值服务，包括店铺装修、智能客服、消费者数据分析、交易管理、物流服务、支付服务、金融服务等，平台会据此收取相应的服务费。

三、农产品电子商务 C2C 模式

C2C 模式中的第一个"C"代指个人，第二个"C"代指消费者，组合起来理解就是"个人对消费者"的电子商务模式。这里所说的"个人"主要是指自产自销的农户。过去，农户或是带着农产品沿街叫卖，或是在田间地头等待采购商上门收购，需要耗费大量时间才能将农产品卖出去。在 C2C 模式中，农户只需在手机上点击几下，就可以将农产品销往全国各地。

（一）农产品电子商务 C2C 模式的含义

具体来说，农产品电子商务 C2C 模式是指个人（主要是农户）通过农产品电子商务 C2C 平台向消费者销售农产品的模式，如图 2-9 所示。

图 2-9　农产品电子商务 C2C 模式

在农产品电子商务 C2C 模式中，农户与消费者得以进行点对点的交易，省去了所有中间环节，进一步降低了交易成本，从而使消费者能够以更优惠的价格购买到农产品，同时也能有效提高农户的收入。此外，农产品电子商务 C2C 平台降低了农户和没有品牌的农产品进入网络市场的门槛，增加了网络市场中农产品的多样性，更易于满足消费者的多样化需求。

（二）农产品电子商务 C2C 模式的类型

按照农产品电子商务 C2C 平台性质的不同，可将农产品电子商务 C2C 模式分为传统电商模式和社交电商模式。

1. 传统电商模式

传统电商模式是指农户在传统电子商务平台上开设店铺，直接向消费者销售农产品的模式。在传统电商模式中，农户能够借助平台的流量优势接触到大量潜在消费者，农户所开设店铺的信誉度、口碑及农产品质量等是影响消费者购买决策的重要因素。传统电商模式与第三方 B2C 模式类似，只是店铺的经营主体不同。

目前，国内适合农户开设店铺的传统电商平台有淘宝网（见图 2-10）等。

2. 社交电商模式

社交电商模式是指农户利用社交电商平台来推广和销售农产品的模式。在社交电商模式中，农户可以在社交电商平台上创建个人账号和店铺，利用分享、沟通、关注等社交互动方式辅助农产品销售。此外，农户可以通过建立粉丝群的方式维护用户关系，增强用户黏性，从而提高农产品的复购率。

目前，国内适合农户开设店铺的社交电商平台有抖音商城（见图 2-11）、拼多多等。

图 2-10　淘宝网上的农产品个人店铺

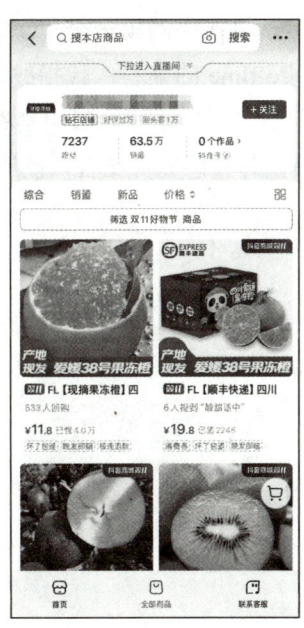

图 2-11　抖音商城上的农产品店铺

（三）农产品电子商务 C2C 模式的盈利模式

农产品电子商务 C2C 模式的盈利模式主要有以下几种。

1. 收取交易佣金

作为交易中介，农产品电子商务 C2C 平台会从成交的订单中按一定比例收取佣金，这是其重要的盈利模式之一。

2. 收取营销推广费

在传统电商模式中，传统电子商务平台通常会通过为卖家提供网络广告服务来收取广告费，也会通过提升卖家店铺或产品的搜索显示位置来收取竞价排名费。而在社交电商模式中，社交电商平台通常会以流量包的形式为卖家提供付费流量，使更多消费者注意到卖家的产品或信息。

3. 收取增值服务费

农产品电子商务 C2C 平台通常会为卖家提供一系列增值服务，如物流服务、支付服务、售后服务、产品认证等，并据此收取相应的服务费。

四、农产品电子商务 O2O 模式

O2O 模式中的第一个"O"是英文单词 online 的缩写，代指线上，第二个"O"是英文单词 offline 的缩写，代指线下，组合起来理解就是"线上到线下"的电子商务模式。O2O 模式通过线上平台吸引消费者，并引导他们到线下实体店，将电子商务的便捷性与门店消费的体验感充分结合，能够提高农产品交易的效率，提升消费者的购物体验。

（一）农产品电子商务 O2O 模式的含义

具体来说，农产品电子商务 O2O 模式是指消费者在农产品电子商务 O2O 平台上选购农产品，然后到线下实体店提取农产品，或由线下实体店送货上门的模式，如图 2-12 所示。

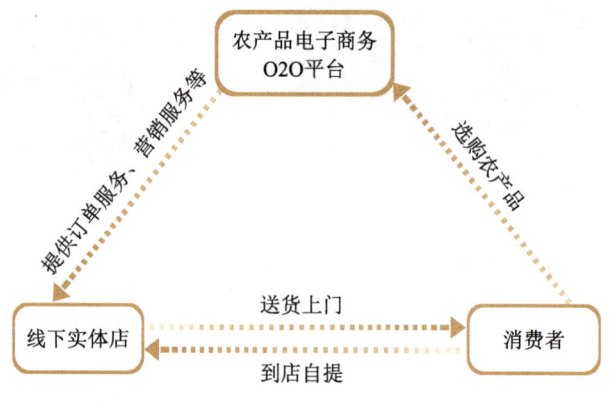

图 2-12　农产品电子商务 O2O 模式

在农产品电子商务 O2O 模式中，线下实体店可以利用农产品电子商务 O2O 平台来吸引消费者，消费者可以利用农产品电子商务 O2O 平台来筛选线下实体店。这种线上与线下结合起来的模式，更好地满足了消费者多样化的需求，同时能够拓宽线下实体店的销售渠道，降低营销成本。目前，美团（见图 2-13）是农产品电子商务 O2O 模式的代表性平台之一。

（二）农产品电子商务 O2O 模式的类型

线上到线下模式是 O2O 模式中比较常见的一种。随着互联网的迅速发展，O2O 模式覆盖的范围越来越广泛，逐渐衍生出线下到线上模式。

例如，许多农产品电子商务 O2O 平台开始通过与线下的农产品体验店（见图 2-14）或体验农场合作，将消费者引导至线上平台。在线下到线上模式中，农产品体验店和体验农场为消费者提供良好的消费场景体验，甚至能让消费者亲身体验农产品的种植、采摘和加工过程，而农产品电子商务 O2O 平台则为消费者提供便捷的线上订单处理和支付服务。

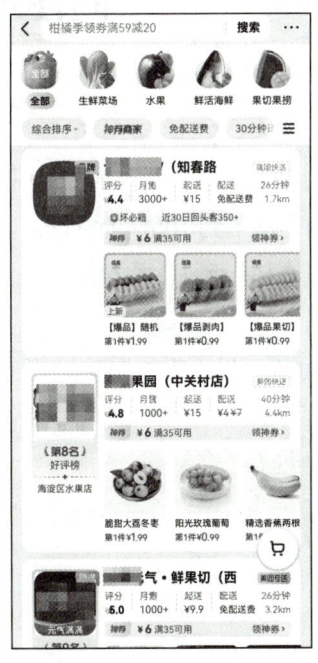

图 2-13　美团 App 上的水果店　　　　　　图 2-14　农产品体验店

（三）农产品电子商务 O2O 模式的盈利模式

农产品电子商务 O2O 模式的盈利模式主要有以下几种。

1. 收取入驻费及技术服务费

农产品电子商务 O2O 平台上聚集了大量的消费者，吸引了众多商家入驻平台，平台会向这些商家收取入驻费及技术服务费。

2. 收取交易佣金

作为交易中介，农产品电子商务 O2O 平台会从成交的订单中按一定比例收取佣金。

3. 收取会员费

农产品电子商务 O2O 平台往往会为消费者提供会员服务并收取会员费。消费者成为会员后可以享受价格折扣、限时优惠、免配送费等。

📋 任务实施——分析拼多多电商平台的农产品电子商务模式

任务背景

拼多多起家于农业，通过"农地云拼"打造全新的农产品供应链，成为国内知名的农产品电子商务平台。2023 年 2 月，拼多多启动"农云行动"，集中投入优势资源，从人才培养、物流等基础设施搭建、资源扶持等入手，推动全国 100 个农业产业带更快"拼上云端"，打造更具韧性和竞争力的数字化农业产业带。

拼多多的农产品电子商务模式

2024 年，"农云行动"再出发，继走进"中国蒜都"济宁金乡、"中国蔬菜之乡"潍坊寿光等地后，再度深入山东产区。据悉，拼多多"农云行动"的扶持分为两步走：其一，帮助已经起步且具备良好供应链的商家完成"从 1 到 100"的跳跃；其二，千方百计鼓励和培训农产带的年轻新农人上平台开店，完成"从 0 到 1"的起步。

任务内容

（1）全班学生以 3～5 人为一组进行分组，各组选出组长。以小组为单位，组内成员分工协作，围绕以下几个问题搜集资料。

① 拼多多的商家有哪些类型？

② 拼多多的农产品电子商务模式有哪几种？

③ 拼多多的盈利模式有哪些？

④ 在拼多多上销售农产品有哪些优势？

⑤ 拼多多在推动农产品电子商务发展方面有哪些贡献？

（2）组长带领小组成员整理搜集的资料，并就上述问题进行讨论，然后以"拼多多的农产品电子商务模式"为主题制作演示文稿。

（3）各组选出一名代表上台汇报，并由指导教师进行点评。

任务二　了解农产品电子商务模式的创新

　　有人这样设想未来的消费场景：一个人走进书店，查阅了西红柿炖牛腩的烹饪方法，当这个人回家去做这道菜时，他所需要的食材已经被送到了家门口，并且食材都非常新鲜。虽然这只是一个设想，但随着农产品电子商务模式的不断创新，人们对农产品极致购物体验的需求正在逐步得到满足。

　　本任务首先介绍几种创新的农产品电子商务模式，包括农产品新零售模式、农产品社区团购模式、农产品直播电商模式、认养农业模式，然后通过体验盒马鲜生的购物流程，来加深对农产品电子商务创新模式的认识。

一、农产品新零售模式

　　农产品新零售模式是一种新兴的商业模式，它是推动农产品零售行业数字化转型升级的重要力量。

（一）农产品新零售模式的含义

　　农产品新零售模式是指以互联网、大数据、人工智能等技术为基础，融合线上和线下销售渠道，开发和利用现代物流，以提升消费者购物体验的新型农产品电子商务模式。

　　农产品新零售模式融合了线下零售和线上零售的优点，不仅能够为消费者提供丰富的农产品，还能够推动农产品生产与销售活动的数字化、智能化。目前，农产品新零售模式的代表性平台有阿里巴巴集团的盒马鲜生（见图2-15）、京东集团的7FRESH七鲜（见图2-16）等，这些新零售平台针对消费者的日常生活需求提供了品类丰富的农产品。

图2-15　盒马鲜生线下门店　　　　　　图2-16　7FRESH七鲜线下门店

（二）农产品新零售模式的特点

　　具体来说，农产品新零售模式具有以下几个特点。

1. 渠道一体化

农产品新零售模式下的企业通常会将线上和线下的销售渠道进行整合，使其作为一个整体为消费者提供产品，从而随时随地满足消费者的购物需求。

2. 经营数据化

经营数据化是指以数据为驱动开展经营活动。农产品新零售模式下的企业会借助数字化技术收集和分析经营过程中产生的大量数据，从而进行科学决策和精准营销，进而提高经营效率。

3. 服务定制化

农产品新零售模式下的企业在收集和分析消费者数据的基础上，能够根据消费者的个性化需求提供个性化定制服务，如产品定制、个性化产品推荐、专属客服等，从而满足消费者的多样化需求和偏好。

4. 门店智能化

农产品新零售模式下的企业通常会借助新一代信息技术（如大数据、物联网、人工智能等）对线下门店进行智能化改造，实现自助结算、智能安防、智能客户服务等，从而提升消费者的购物体验，提高购物效率。

5. 物流现代化

农产品新零售模式下的物流体系不仅包括先进的物流设施和技术，如自动化仓储、智能运输系统等，还包括高效的物流管理方法和管理流程。

（三）农产品新零售模式的交易流程

农产品新零售模式的关键在于依托互联网和新一代信息技术，实现线上服务、线下体验和现代物流的深度融合，其交易流程如图 2-17 所示。

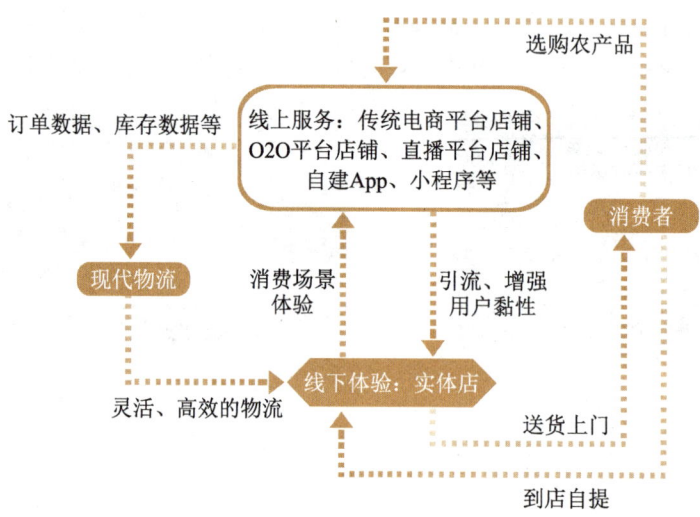

图 2-17　农产品新零售模式的交易流程

1. 线上服务

农产品新零售模式下的企业利用传统电商平台店铺、O2O 平台店铺、直播平台店铺、自建 App、小程序等进行线上销售，打破了时间、空间的限制，从而接触到更广泛的消费群体。农产品新零售模式下的企业还会利用线上平台收集消费者数据并进行分析，深入了解消费者的消费习惯，从而制订更加精准的营销策略。

此外，农产品新零售模式下的企业还会通过产品溯源系统让消费者对农产品的生产流通环节有全方位、透明化的了解，从而提高消费者对农产品的信任度，帮助企业建立良好的品牌形象。

2. 线下体验

在线下，实体店不仅为消费者提供了直接接触农产品的机会，还提供了丰富的消费场景体验，如在产品展示台中融入地方特色、饮食文化、健康知识等。此外，实体店还通过提供"懒人加工"服务（如餐饮加工服务），提高了消费者的购物体验，增强了消费者的黏性。

3. 现代物流

要完成线上、线下的融合，现代物流不可或缺。线上平台为现代物流提供订单、库存等数据，现代物流则根据相关数据及时优化物流方案，为实体店提供灵活、高效的物流服务，从而减少实体店的库存压力，降低经营成本。

> **知识链接**
>
> 虽然农产品新零售模式与 O2O 模式都涉及了线上和线下销售渠道的融合，但是两者有较为明显的区别，主要表现在以下两个方面。
>
> （1）融合程度不同。在新零售模式中，企业线上和线下销售渠道深度融合，作为一个整体向消费者提供服务。而在 O2O 模式中，线上 O2O 电子商务平台、线下实体店往往独立运营，其融合程度相对较浅。
>
> （2）业务重心不同。在新零售模式中，新零售企业既要借助互联网及新一代信息技术为消费者提供智能化、个性化的服务，还要经营好线下实体店，为消费者提供良好的消费场景体验。而在 O2O 模式中，O2O 电子商务平台更侧重线上营销推广，即向消费者推荐合适的线下实体店或产品。

二、农产品社区团购模式

随着移动互联网的快速发展和城市居民社区化趋势的加强，农产品社区团购模式开始崭露头角并快速发展起来。

（一）农产品社区团购模式的含义

农产品社区团购模式是指以社区为单位，通过社区团购平台整合消费者需求，然后由社区团购平台集中采购并统一配送农产品的新型农产品电子商务模式。在农产品社区团购模式中，消费者往往能获得比个人购买更低的价格，因此用户黏性强、产品复购率高，大幅降低了企业的获客成本，同时能方便企业更直接、更深入地了解和服务消费者。

目前，农产品社区团购模式的代表性平台有多多买菜、美团优选、淘宝买菜、兴盛优选等。

（二）农产品社区团购模式的交易流程

早期的社区团购模式主要依靠团长（由社区团购平台招募，负责组织和发起社区团购活动的个人）发起团购活动，如今的社区团购模式则由消费者直接在平台上下单。具体来说，当消费者在社区团购平台下单后，由平台汇总团长所在社区的所有订单并集中采购，然后根据团长的所在地规划配送路线并将农产品送至自提点（一般为团长的地址），最后由消费者在指定时间内提取农产品，如图2-18所示。在这个过程中，团长负责与消费者进行沟通，以及提供售后服务等，以增强消费者的黏性，提升其购物体验。

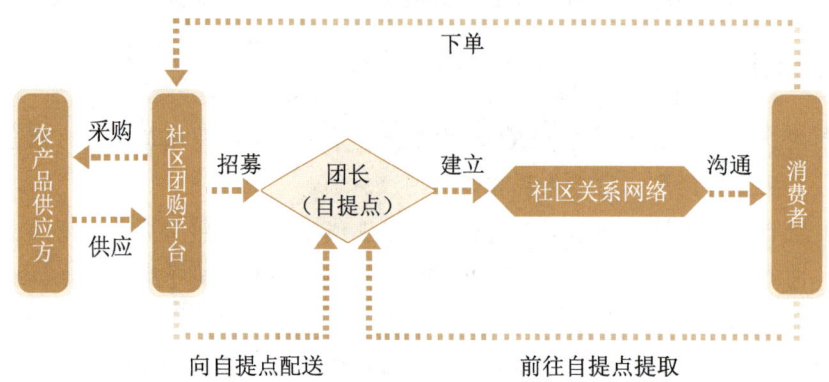

图2-18　农产品社区团购模式的交易流程

（三）农产品社区团购模式的优势

农产品社区团购模式的优势有以下几点。

1. 能够满足消费者的个性化需求

在农产品社区团购模式中，社区团购平台可以根据不同社区居民的偏好和需求，推出适合当地社区居民的农产品，满足消费者的个性化需求。

2. 具有价格优势

在农产品社区团购模式中，社区团购平台直接连接农产品供应方与消费者，减少了中

间环节，降低了农产品的流通成本，并且社区团购平台具有一定的议价能力，因此农产品的团购价格往往低于消费者个人购买价格。

3．购物过程更加便捷

在农产品社群团购模式中，消费者只需要在社区团购平台上提交订单即可，与产品相关的采购、议价、物流等都由平台和团长完成，大幅节省了消费者的购物时间，使购物过程更加便捷。

4．沟通更加高效

在农产品社区团购模式中，团长大多是社区居民，他们可以与消费者直接接触，因此在与消费者沟通时会更顺畅。

三、农产品直播电商模式

2024年3月，商务部等九部门发布《关于推动农村电商高质量发展的实施意见》文件，该文件指出，用5年时间打造1 000个左右县域直播电商基地，进一步提升直播电商应用水平。在政策红利不断释放的背景下，各大电子商务平台纷纷加大在农产品直播电商领域的投入，直播电商模式成为当前农产品电子商务模式创新的典型代表之一。

（一）农产品直播电商模式的含义

农产品直播电商模式是指在直播电商平台上，主播通过直播形式展示、推广和销售农产品的新型农产品电子商务模式，如图2-19所示。农产品直播电商模式能够有效地利用直播形式的优势和直播电商平台的销售渠道，加强农产品的宣传和推广，进而提高农产品的销量。目前，主流的农产品直播电商平台有拼多多、抖音、快手等。

图2-19　通过直播形式展示、推广和销售农产品

（二）农产品直播电商模式的类型

按照直播主体的不同，可将农产品直播电商模式分为以下几类。

1. 网络达人直播电商

网络达人在开展直播电商活动时，他们的影响力和粉丝数量有助于在短期内提高农产品的知名度和销量。尤其是知名度高的网络达人，他们的忠实粉丝数量多，因此带动农产品销售的效果会更明显。

2. 政府官员直播电商

政府官员在开展直播电商活动时，他们的公信力和影响力可以增强消费者对农产品的信任度，从而促进农产品的销售。

3. 官方媒体或电商平台直播电商

官方媒体和电商平台通常会以公益的名义组织农产品直播电商活动。在开展直播电商活动时，一般邀请具有一定知名度的主持人或主播作为农产品的"推荐人"，以增强消费者对农产品的信任度，实现农产品知名度的提升和销量的增长。

4. 农产品生产经营者直播电商

农产品生产经营者直播电商是指农产品生产经营者（如农户、农产品生产企业等）通过与直播电商平台合作，在农产品生产或经营场所开展直播电商活动，直观展示农产品的生长环境、品质特点等，以推广和销售自己的农产品。农产品生产经营者开展直播电商活动可以提升当地农产品的知名度和品牌认知度，促进当地农业产业的发展。

 案例阅读

"村村直播"擦亮新名片，映出惠民"新图景"

"原本我们的干洋芋片吃不完也卖不掉，没想到，拿到村上来，通过'村村直播'，一下子就卖完了。"四川省万源市青花镇干溪沟村村民曹某说。据悉，为了拓宽农产品销售渠道，促进电子商务与传统产业融合发展，有效推动特色产业提质增效、人民群众增收致富，巩固拓展脱贫攻坚成果，万源市大力开展"村村直播"工作。截至 2024 年 9 月 6 日，全市共开展直播 2 368 场次，销售额达 711 万元，带动集体经济增收 100 余万元。

"村村直播"擦亮新名片，
映出惠民"新图景"

"欢迎大家来到庙子乡龙奔河村的直播间，接下来给大家带来庙子乡盛产的土豆、核桃、板栗、魔芋、巴山豆等"庙子乡龙奔河村党支部书记周某正在向广大网友介绍当地特色产品。2024 年以来，庙子乡坚持"助农直播让山货出山"，与 5 家合作社、家庭农场合作，采取"统购统销+订单代卖"方式，为老百姓代卖农特产品 12.4 万余元，

3 个村集体经济年收入有望突破 10 万元。

　　"'村村直播'工作是巩固脱贫攻坚成果、助农增收的重要途径。"万源市委常委、组织部部长何某表示，"我们将继续深化'村村直播'发展路径，叫响万源特色品牌，带动更多农户致富增收，为打造全省托底性帮扶工作'万源样板'注入强劲动力。"

（资料来源：佚名，《（达州）万源：大力开展"村村直播"助农增收》，

"同心四川"百家号，2024 年 9 月 6 日）

　　案例解析：

　　政府官员参与助农直播电商活动，不仅可以充分利用自身的公信力和影响力迅速吸引消费者，带动农产品的销售，还可以起到带头示范作用，促使更多农户及农产品生产企业积极参与进来。

四、认养农业模式

　　随着人们生活水平的提高与消费观念的转变，认养农业模式逐渐走入大众视野。这种模式打破了传统农业中消费者与生产者之间的距离，为消费者提供了一种参与农业生产的新方式。

认养农业模式的优势

（一）认养农业模式的含义

　　认养农业模式是指消费者通过互联网农业认养平台（如一颗认养平台，见图 2-20）认养土地、农作物、禽畜等并支付认养费用，农场为消费者提供农业生产成果的新型农产品电子商务模式。具体来说，农场将土地、农作物、畜禽等划分成若干份，消费者通过农业认养平台认养其中的一部分，在农产品生长期间，消费者可以通过平台查看农产品的生长情况并向农场托管人员提出需求，到了农产品的收获季节，消费者将获得所认养部分产出的农产品。

图 2-20　一颗认养官网首页

（二）认养农业模式的类型

按照认养对象的不同，可将认养农业模式分为土地认养模式（消费者认养一块或几块土地，获得土地所有的产出，如粮食、蔬菜等，见图 2-21）、畜禽认养模式（认养一只或多只畜禽，获得肉、蛋、奶等，见图 2-22）、果树认养模式（认养一棵或几棵果树，获得树上产出的水果，见图 2-23）等。这些模式都各具特色，能够满足不同消费者的需求。

图 2-21　土地认养　　　　　　图 2-22　畜禽认养　　　　　　图 2-23　果树认养

（三）认养农业模式的流程

一般来说，认养农业模式的流程如下。

（1）选择农业认养平台：在互联网上选择一个农业认养平台，以便挑选所要认养的农场。

（2）选择认养方式：根据个人需求和偏好选择认养的方式，可以认养一块土地，也可以认养一定数量的畜禽或农作物。

（3）签订认养协议：通过农业认养平台与农场签订认养协议，明确双方的权利和义务，包括认养费用、收获时间、产品配送方式等。

（4）支付认养费用：在种植或生产开始前，通过农业认养平台支付认养费用。这笔费用通常包括了整个生长季节的农业生产成本。

（5）接收农产品：农产品收获后，农场将消费者所认养部分产出的农产品通过物流发送给消费者。如果消费者所在地与农场的距离较近，消费者也可以选择去农场亲自提取。

案例阅读

"云认养"悄然兴起，消费者热衷于当线上农场主

"我认养了一块农田，不仅可以在线上看到实时监控画面，还可以到线下参与插秧、种菜、养鸡、捞螃蟹等活动。"家住吉林省长春市的李某在河北省唐山市海北镇认养了一亩农田，体验到了认养农田带来的快乐。"孩子们能了解粮食是怎么来的，还能吃到绿色健康的食品。"李某高兴地说。

2023年3月，李某经朋友介绍，通过微信小程序开始在线认养农田。在认养页面，她可以选择认养农田的面积、类型和周期，并通过24小时视频监控查看农田画面，随时与农场管家在线沟通需求。

李某介绍，认养农田时可以选择"线上托管"或者"线下参与"，她购买的项目主要包含农事溯源、农事体验等10类服务。在认养农田的这段时间里，李某和家人不仅能吃到田里的玉米、大米、稻蟹和农场的鸡蛋等，还能收到屠宰分装后寄到家里的鸡肉。

"云认养"不仅重塑了农产品的消费体验，还促进了农业与旅游业的融合发展。家住河南省郑州市的张某选择在某景区旁的农场认养了一只鸡。"每年支付199元，能分期领到寄来的100颗鸡蛋，并在认养结束后收到鸡肉产品。"张某表示，自己会在工作之余开车到农场亲自养鸡，还会约上朋友去周边景区旅游。

（资料来源：陈丹丹，《"云认养"兴起，消费者热衷当线上农场主》，《工人日报》2024年7月17日）

案例解析：

借助农业认养平台，消费者不仅可以享受到优质的农产品，还可以了解农产品的生长过程，甚至亲自参与农业生产，获得全新的农产品消费体验。

任务实施——体验盒马鲜生的购物流程

下面通过体验盒马鲜生的购物流程，来更为直观地认识农产品新零售模式。具体步骤如下。

体验盒马鲜生的购物流程

1. 在盒马App上购买水果

步骤1 在手机上下载并安装盒马App，打开盒马App后使用淘宝账号进行登录。登录成功后点击首页中的"水果鲜花"类目，然后在该类目的产品列表（见图2-24）中选择一款水果产品（如巨峰葡萄），进入其产品页面，向上滑动页面了解产品详情，如图2-25所示。

步骤2 点击"加入购物车"按钮，将产品加入购物车。挑选完毕后，点击屏幕右上

角的购物车图标，进入购物车页面，此时可以看到购物车页面上有开通会员的提示，还有免运费及超值换购的优惠信息，如图2-26所示。

图 2-24 "水果鲜花"类目的产品列表   图 2-25 产品详情

步骤 3 点击"结算"按钮，进入"确认订单"页面。在该页面中，首先选择收货地址（如果没有收货地址，则需要新增收货地址并填写收货地址、联系人及联系方式等信息），然后选择收货方式，此处选择"门店自提"选项（见图2-27），接着点击"选择时间"按钮，在弹出的"选择时间"弹窗中选择合适的自提时间后点击"确认"按钮（见图2-28），最后点击"提交订单"按钮。

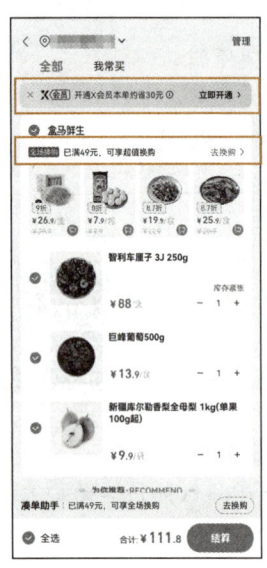
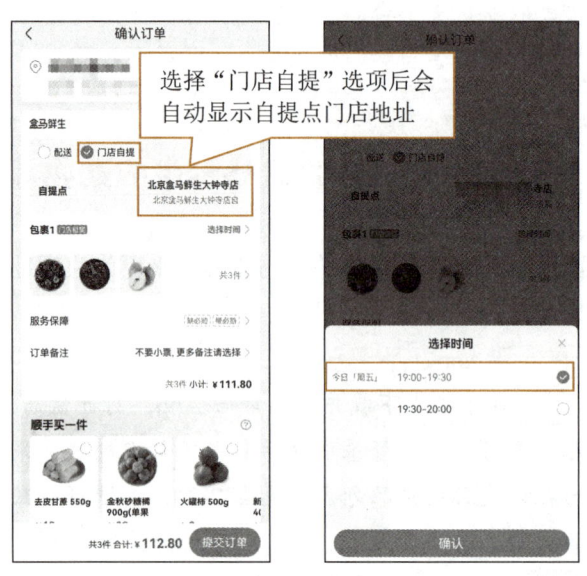

图 2-26 购物车页面   图 2-27 选择收货方式   图 2-28 选择自提时间

步骤4 进入支付页面，可以选择支付宝支付或银行卡支付，最后点击"确认付款"按钮。

步骤5 临近设定的提货时间，自行前往订单页面的自提点门店。进店后，在自提信息查询机（见图2-29）上查询包裹所在的位置后提取包裹。

2. 在盒马鲜生门店购买蔬菜

步骤1 继续在盒马鲜生门店逛一逛。盒马鲜生门店里的农产品（如水果、蔬菜等，见图2-30）大都有条形码或二维码，可使用盒马App扫码查看产品相关的信息。

图2-29　自提信息查询机　　　　图2-30　盒马鲜生门店里的蔬菜产品

步骤2 在盒马鲜生门店挑选一些蔬菜，挑选完毕后，前往自助收银区（见图2-31）结算。

步骤3 在自助收银台上点击"开始结账"按钮，然后将产品上的条码对准自助收银台的扫码口，录入产品信息。产品信息录入完毕后，自助收银台的屏幕上会显示所有产品的价格，点击"结算"按钮。

步骤4 自助收银台会提示用户使用盒马App或支付宝付款，如图2-32所示。此时，打开盒马App，点击首页顶部的会员码按钮，然后将显示的会员码对准自助收银台的扫码口，自助收银台扫码成功后会显示"支付成功"提示信息。支付成功后取走产品即可。

图2-31　自助收银区　　　　图2-32　提示使用盒马App或支付宝付款

拓展阅读

"新农人"要干好"兴农事"

新农人是指具备一定新理念、新技术、新业态、新生产组织方式，以从事农业生产、加工、销售、服务等各环节为主，且收入高于所在地区传统农业从业人员收入水平，有农业情怀、有适度规模、有持续发展性、有防风险能力的现代农业经营者。

"90后"农机手、有博士学位的农业专业合作社负责人、回乡创业的土特产销售主播……春耕时节，田间地头活跃着这样一批"新农人"。新时代农业发展渴求掌握新知识、新技术的"新农人"。从早期的"二牛抬杠"，到收割机大规模作业；从亩产几百斤的常规稻，到亩产超千斤的杂交稻……正是农业科技的不断创新，让中国人把饭碗牢牢端在自己手里，粮食安全得到保障。如今，"新农人"利用5G、大数据、云计算、物联网等先进科技手段，为农业发展赋能，大大提升了农业生产效率，推动传统农业向现代化农业快速转变。

乡村振兴也期盼具备新商业理念、富有创新精神的"新农人"。要让乡村更好地发展，更快地振兴，离不开"新农人"的长远眼光和开阔思路。"新农人"善于利用互联网平台等优势资源，能够敏锐抓住发展机遇，敢于改变传统发展模式，在农业产业形态上进行创新，在农村经济业态上实现升级，能走出致富新路子，为乡村发展装上"新引擎"。

"新农人"带来新科技，也要接地气。农业不同于其他产业，"春不种、秋不收""不违农时，谷不可胜食也"等农业生产规律，仍主导着农业生产，不可违逆而行；大部分农事有着极强的内在逻辑，须顺势而为。只有深入认识乡村，深度融入乡村，"新农人"才能更好"根植"乡村土壤，"长得"枝繁叶茂。

"广阔天地大有作为"是当前"新农人"干好"兴农事"的生动写照。新时代呼唤更多勇于拼搏的"新农人"，"新农人"也向往在这片土地上实现人生理想和价值。

3~5人一组，在网上查找资料并结合上述材料，讨论以下问题。

（1）"新农人"有什么特点？

（2）作为当代大学生，成为"新农人"需要哪些知识和技能？

（3）入乡、返乡创新创业的"新农人"可以选择哪些农产品电子商务模式？

项目考核

1．选择题

（1）在 B2B 模式中，农产品电子商务平台通常作为（　　）为交易双方提供服务。

    A．线上支付平台　　　　　　　　B．线上服务平台

    C．交易管理平台　　　　　　　　D．交易中介平台

（2）下列电子商务平台中，不属于农产品电子商务 B2C 模式的是（　　）。

    A．天猫商城　　　　　　　　　　B．中粮我买网

    C．沱沱工社　　　　　　　　　　D．美菜网

（3）农产品电子商务 C2C 模式中的两个"C"分别代表（　　）。

    A．个人和消费者　　　　　　　　B．消费者和农户

    C．消费者和企业　　　　　　　　D．企业和农户

（4）下列选项中，（　　）不属于农产品电子商务 O2O 模式的盈利模式。

    A．收取入驻费及技术服务费　　　B．收取线下服务费

    C．收取会员费　　　　　　　　　D．收取交易佣金

（5）下列选项中，不属于农产品社区团购平台的是（　　）。

    A．多多买菜　　　　　　　　　　B．美团优选

    C．京东超市　　　　　　　　　　D．淘宝买菜

2．判断题

（1）在农产品电子商务 B2B 模式中，交易双方均为企业。（　　）

（2）农产品电子商务水平 B2B 模式覆盖更广泛的农产品品类，其特点在于"专业"。（　　）

（3）淘宝网是国内知名的农产品电子商务自营 B2C 平台。（　　）

（4）在农产品电子商务传统电商 C2C 平台上，农户所开设店铺的信誉度、口碑及产品质量安全等是影响消费者购买决策的重要因素。（　　）

（5）农产品新零售模式的关键在于依托线下实体店为消费者提供良好的消费场景体验，线上服务的作用不大。（　　）

（6）在农产品社区团购模式中，只能由团长到平台下单。（　　）

（7）抖音属于农产品直播电商平台。（　　）

3．简答题

（1）简述农产品电子商务 B2B 模式的类型。

（2）简述农产品新零售模式的概念与特点。

（3）简述农产品直播电商模式的类型。

• • • • ◆ 项目评价 ◆ • • • •

全班学生每 3～5 人为一组，各组成员结合课前、课中和课后的学习情况，以及项目考核情况，按照表 2-1 的评价标准对本项目的学习成果进行自评和互评（组内成员互相打分），并请指导教师进行师评及总评。

表 2-1　项目评价

评价项目	评价内容	评价分数			
		分值	自评	互评	师评
知识（60%）	农产品电子商务 B2B、B2C、C2C、O2O 等基本模式的含义、类型和盈利模式	40 分			
	农产品新零售模式的含义、特点和交易流程	5 分			
	农产品社区团购模式的含义、交易流程和优势	5 分			
	农产品直播电商模式的含义和类型	5 分			
	认养农业模式的含义、类型和流程	5 分			
技能（20%）	分析常见农产品电子商务平台的电子商务模式	10 分			
	运用不同电子商务模式的农产品电子商务平台	10 分			
素养（20%）	遵守课堂纪律，具有团队精神	5 分			
	具有自主学习意识，做好课前准备	5 分			
	积极参与教学活动，善于思考提问，勇于探索创新	5 分			
	细致认真，出色完成任务实施及项目考核	5 分			
合计		100 分			
总评	综合得分：_____ 综合等级：_____	指导教师签字：_____			
总结提高	最突出的表现（优点或进步）： 还需改进的地方（缺点或不足）：				

说明：综合得分=自评（25%）+互评（25%）+师评（50%）；综合等级以"优"（综合得分≥90 分）、"良"（80 分≤综合得分＜90 分）、"中"（60 分≤综合得分＜80 分）、"差"（综合得分＜60 分）为标准进行评价。

项目三

农产品市场调研与定位

项 目 导 读

　　要开展农产品电子商务活动，农产品市场调研与定位必不可少。通过农产品市场调研与定位，可以客观、深入地了解市场情况，这不仅有利于挖掘农产品卖点，还能为农产品合理定价提供依据，进而提高自身竞争力，吸引更多的消费者。

学 习 目 标

知识目标

🌾 了解农产品市场调研的含义和内容。

🌾 熟悉农产品市场调研的方法和工具。

🌾 熟悉农产品市场调研的基本流程。

🌾 熟悉挖掘及优化农产品卖点的方法。

🌾 了解农产品价格的影响因素，熟悉农产品定价策略。

能力目标

🌾 能够制订农产品市场调研方案。

🌾 能够挖掘农产品的卖点并为其定价。

素质目标

🌾 增强信息安全意识，保护自身和他人信息安全。

🌾 培养精益求精、追求卓越的工匠精神。

案例导入

农产品变身文创产品，古村落焕发新生

河南省信阳市光山县东岳村位于大别山革命老区，这里曾因花鼓戏传唱数百年，素有"花鼓之源，古坊东岳"的美称，2012 年被列入首批中国传统村落名录。不过，谁能想到这个有着 600 年悠久历史的古村落，曾经饱受经济发展落后的困扰。

农产品变身文创产品，古村落焕发新生

2014 年，依托丰富的自然资源，东岳村开始着力发展生态农业。文化产业特派员高某说："河南是一块宝地，这里拥有很多物产。我们能想象到的农产品这里都有，麦子、水稻、蔬菜……那么短板在哪里呢？就是农产品比较初级。"高某来自杭州市，从 2022 年国家开始推行文化产业特派员制度开始，她就来到了东岳村。高某认为，初级农产品是短板但也是机会，要抓住机会，可以为古村落里的农产品赋予文化内涵，将它们升级成文创产品。

父辈就是茶农的陈某在东岳村种了 160 多亩茶树，过去茶叶的销售情况一直不理想，销售范围也只是以县城为主。高某介绍，陈某与父亲一起做了十几年茶，他自己又做了二十几年茶，现在女儿也跟着做茶，三代人一直在做茶。陈某说起茶的时候像在说心肝宝贝一样，滔滔不绝。每一棵茶树陈某都亲手培育，对茶像宝贝一样珍惜。高某到现场考察后，第二天就将陈某的茶叶命名为"陈的心肝"，如图 3-1 所示。"陈的心肝"升级成

图 3-1　茶叶品牌——"陈的心肝"

文创产品后，销往全国各地，2023 年的销售额达到 600 万元。

此外，高某还把当地知名的油条挂面命名为"有盐在先"，并将挂面包装从大袋改为小盒，再印上和面、晒面的场景图，将其从一款普通的面条农产品升级成礼品……

东岳村党总支书记杨某说，东岳村的农产品变身文创产品走向全国各地，2023 年村集体经济收入达到 74.4 万元。他表示，文化赋能农产品，既让农产品有了文化符号，又利于把控农产品质量，提升农产品的吸引力。

（资料来源：车丽、齐鹤、盛鹏等，《山河弦歌 | 农产品变身文创 如何让古坊东岳焕新生？》，央广网，2024 年 7 月 3 日）

? 请思考：

除了文化内涵，还可以从哪些方面挖掘农产品的卖点？

任务一　调研农产品市场

 任务导入

　　农产品电子商务商家在进入一个新市场或者推出一款新产品前，首要的工作就是认真、细致地调研市场情况，深入了解市场环境、市场需求等信息，从而为经营决策提供客观、科学的依据。

　　本任务首先介绍农产品市场调研的基础知识，然后通过制订农产品市场调研方案，来加深对农产品市场调研的认识。

一、农产品市场调研的含义

　　农产品市场调研是指运用科学的调研方法及高效的调研工具，有目的且系统地收集、整理和分析农产品市场信息的过程。它可以帮助农产品电子商务商家了解市场情况，为其经营决策提供科学的依据。

　　农产品市场调研是农产品电子商务的基础，它在帮助农产品电子商务商家适应复杂的市场环境、满足消费者需求等方面发挥着重要作用。

二、农产品市场调研的内容

　　农产品市场调研涉及的内容非常广泛，与经营决策有关的因素通常都属于农产品市场调研的范畴。具体来说，农产品市场调研的内容主要包括以下几个方面。

（一）市场环境调研

　　农产品市场环境是指影响农产品市场运行和交易的一系列外部因素，包括经济环境、政治环境、社会文化环境、科学技术环境、自然地理环境等方面。对于农产品电子商务商家来说，这些外部因素基本上都是不可控的，但它们会对商家的经营活动产生一定影响。

　　农产品市场环境调研的内容包括居民购买力水平调研、经济政策和法律法规调研、生活习惯调研、科学技术发展水平调研、地理位置和气候条件调研等。

（二）市场需求调研

　　农产品市场需求是指在一定时间内消费者愿意且能够购买农产品的总量。掌握农产品市场需求信息，是农产品电子商务商家确定农产品定位的基础。农产品市场需求调研的内

容包括市场规模调研、市场需求量及其变化趋势调研、市场需求潜力调研等。

（三）消费者行为调研

消费者行为是指消费者为选择、购买、使用和处置产品所进行的各种活动及这些活动之前的决策过程。对消费者行为进行调研是农产品电子商务商家开展营销活动的基础，了解消费者行为能够帮助商家更好地满足消费者的需求。

农产品市场消费者行为调研的内容包括消费者消费结构调研、消费者购买动机调研、消费者购买行为（如购买频率、购买方式、购买习惯和购买偏好）调研等。

（四）竞争对手调研

俗话说："知彼知己，百战不殆。"农产品电子商务商家在进入市场后必然会面临竞争，所以了解和分析竞争对手是农产品电子商务商家必不可少的工作。具体来说，农产品市场竞争对手调研主要是对竞争对手的市场份额、营销策略、产品与服务质量等进行调研，从而帮助商家充分掌握竞争对手的实际情况，扬长避短，进而在市场竞争中取胜。

三、农产品市场调研的方法和工具

在进行农产品市场调研时，选择合适的调研方法和调研工具才能确保调研结果的准确性和可靠性。

（一）农产品市场调研的方法

农产品市场调研的方法有很多种，常用的有互联网搜索法、观察法、问卷法和访谈法。

1. 互联网搜索法

互联网搜索法是指调研人员利用各种互联网搜索工具和搜索技术收集相关信息的方法。互联网搜索法的优点在于调研效率较高，调研成本相对较低，能够获取的信息数量多、覆盖范围广，其不足之处在于对调研人员的搜索能力有一定要求，并且网络信息的质量良莠不齐，需要调研人员具有一定的分辨能力。

2. 观察法

观察法是指调研人员通过实地观察、记录的方式收集相关信息的方法。调研人员可以直接到农产品门店、农产品订货会、农产品集贸市场，以及其他农产品消费者较为集中的场所，采用观察法来收集农产品市场信息。

观察法的优点在于调研人员可以收集第一手市场信息，其不足之处在于调研时间成本较高，且容易受调研人员主观因素的影响，调研结果可能存在偏差。在实际应用中，观察法通常与其他调研方法结合使用。

3. 问卷法

问卷法是指调研人员根据调研目标,将一系列预先设计好的问题以问卷的形式分发给调研对象,调研对象回答完毕后再由调研人员回收以收集相关信息的方法。

问卷法的优点在于调研成本较低、调研速度较快、调研结果易于统计和分析等,其不足之处在于调研对象往往"问什么答什么",无法提供更深层次的信息,并且受调研对象和问卷设计的影响,调研结果可能无法反映市场的真实情况。

4. 访谈法

访谈法是指调研人员通过与调研对象进行直接交流来收集相关信息的方法。调研人员可以组织线下访谈会,邀请消费者、合作商或行业专家等就农产品方面的话题进行交流。如果不方便开展线下访谈,调研人员还可以通过语音、视频等方式与调研对象进行线上访谈。

访谈法的优点在于通过直接交流,调研人员不仅可以深入了解调研对象的观点和感受,收集更加详细的信息,而且可以根据实际情况灵活调整访谈问题,其不足之处在于调研的时间成本较高,并且要求调研人员具备较高的沟通技巧,此外,访谈结束后还需要专业人员对访谈信息进行整理和总结。

 小提示

除了上述几种调研方法,调研人员还可以利用大数据调研法进行农产品市场调研。大数据调研法是指依托于大数据技术,通过收集、整理和分析大量数据来揭示事物发展趋势、模式、关系等的方法。大数据调研法的优点是能够处理海量的、多种类型的数据,从而帮助调研人员全面、准确、高效地挖掘数据背后的规律和关联,其不足之处在于需要借助专业的大数据平台和工具来实现,并且需要加强调研人员的技术培养,所以调研成本较高。

(二) 农产品市场调研的工具

与农产品市场调研方法相对应,常用的农产品市场调研工具有互联网搜索工具、观察记录表、调查问卷和访谈提纲。

1. 互联网搜索工具

常用的互联网搜索工具有搜索引擎、行业网站、农业大数据平台等。调研人员可以在搜索引擎上搜索农产品市场相关的各类信息;在专业的行业网站上搜索农产品市场行情信息及市场分析报告;在农业大数据平台上搜索农产品生产及销售数据,并且预测市场发展趋势等。

案例阅读

"惠农大数据"平台解决农业数据难题

数据是数字经济发展的关键生产要素，也是推进农业农村现代化的新生动力。为了解决农业行业"无数可用""无数可究"的难题，惠农网自主研发了"惠农大数据"平台。该平台是一款面向全国各地涉农政府部门、农业经营者、农业科研机构、农业投资者及其他农业产业各环节参与者的专业在线数据服务终端，具备数据超市、研究报告、行业内参、数据大屏和品类洞察5个功能，全方位、更便捷地满足用户对农业数据信息的多维需求。

"惠农大数据"平台的优势主要体现在数据和服务两个层面。数据层面，截至2023年2月，"惠农大数据"平台已辐射全国绝大部分省市；囊括粮食、油料、水果、蔬菜、畜禽、水产、中药材等十大农产品类目，品类数量超4 000个，覆盖农业全产业链各环节；标准化农产品及农业投入品交易记录超过10亿条，每日稳定更新的农业电商标准数据可达20多万条，既能保证实时、稳定、高频的数据来源，也能保证数据来源的真实性、可溯源性。服务层面，"惠农大数据"是一个共享平台，它以超市的模式，将数据和数据产品作为商品开放陈列，用户可自主选购、自助下单、按需获取。

（资料来源：吕娜娜，《惠农大数据平台重磅上线 惠农网开拓农业产业数字化服务新模式》，"红网"百家号，2023年2月22日）

案例解析：

农业大数据平台为广大农产品电子商务参与主体提供了丰富、科学、全面、系统的数据服务。借助农业大数据平台，农产品电子商务商家在进行市场调研时，能够更加准确地把握市场情况及发展趋势。

2. 观察记录表

运用观察法开展农产品市场调研时，调研人员需要提前设计观察记录表，以便记录信息。按照观察对象的不同，可将观察记录表分为农产品生产观察记录表、营销活动观察记录表、消费者行为观察记录表等。

3. 调查问卷

调查问卷通常由问卷标题、调研说明、调研问题等组成，它是运用问卷法开展农产品市场调研时必不可少的调研工具。调查问卷中的调研问题是调研人员根据调研目标设计的，调研问题的设计直接影响调研结果的可靠性。通常情况下，调研人员可以借助问卷调查平台（如问卷星、腾讯问卷等）设计和制作调查问卷。

4. 访谈提纲

访谈提纲是运用访谈法开展农产品市场调研时必备的调研工具。访谈提纲不仅可以帮助调研人员明确访谈目标，避免在访谈过程中偏离主题，还可以帮助调研人员掌握访谈节奏，避免在访谈过程中手忙脚乱。

四、农产品市场调研的基本流程

农产品市场调研的基本流程主要包括 4 个步骤，如图 3-2 所示。调研人员需要对每个步骤进行策划，以确保农产品市场调研的完整性和有效性。

图 3-2　农产品市场调研的基本流程

（一）确定调研目标

市场调研往往是为解决某个问题或者达到某种目的而进行的，因此确定调研目标是农产品市场调研的首要任务。一般来说，农产品市场调研目标不外乎以下几种。

（1）了解农产品市场情况。

（2）分析农产品、消费者或竞争对手的相关情况。

（3）改善目前的经营状况。

例如，当某农产品销量大幅度下降时，农产品电子商务商家在进行市场调研时可以将"找到农产品销量下降的原因"或"找到提高农产品销量的方法"作为调研目标。

（二）制订调研方案

农产品市场调研是一项系统且复杂的工作，为使农产品市场调研有序、有效地开展，需要制订一份科学、全面的调研方案。一般情况下，调研方案包括调研对象、调研方法、调研内容、信息收集时间、人员安排、调研费用等内容。

1. 确定调研对象

确定调研对象就是确定向谁收集调研信息。对于农产品市场调研来说，调研对象包括消费者、竞争对手、合作方、行业专家等，调研人员需要根据调研目标来选择调研对象。例如，要调研某个地区的消费者对于农产品的偏好，那么调研对象就是该地区的农产品消费者。

2. 确定调研方法

确定调研方法就是确定采用哪种调研方法来收集信息。调研人员可以根据农产品市场

调研目标和调研对象的特点，有针对性地采用一种或几种调研方法。例如，在调研消费者对某农产品的满意度时，可以采用问卷法，通过调查问卷了解消费者对该农产品的看法。需要注意的是，在确定调研方法时应考虑以下问题。

（1）采用哪种调研方法能够收集尽可能多的信息。

（2）采用哪种调研方法能够收集尽可能真实的信息。

（3）采用哪种调研方法能够以较低的成本获得较好的调研效果。

3．策划调研内容

策划调研内容就是根据农产品市场调研目标、调研对象及调研方法设计相应的调研内容。下面主要介绍常用的调查问卷和访谈提纲的内容策划。

（1）调查问卷的内容策划。

调查问卷主要包括问卷标题、调研说明、调研问题和结束语。

① 问卷标题。问卷标题的作用是让调研对象对调查问卷有一个大致的了解。标题应开宗明义，清晰地反映调研主题，引起调研对象的兴趣。

② 调研说明。调研说明一般位于调查问卷的开头，主要包括两个方面的内容：一是向调研对象说明此次调研的目的；二是请求调研对象如实填写调查问卷。

③ 调研问题。调研问题直接关系到调查问卷所能收集的信息质量，是调查问卷最重要的组成部分。调研问题通常包括以下几类：调研对象的个人信息，如年龄、所在地区、收入情况等；根据调研目标设计的问题；与调研目标相关的开放式问题等。

④ 结束语。结束语通常用于向调研对象表示感谢，或说明完成调查问卷后可获得的奖励，或提供与调研人员联系的方式等。

 小提示

> 　　在进行农产品市场调研时，要注意遵守《中华人民共和国个人信息保护法》的相关规定，规范个人信息处理活动，保护好调研对象的个人信息安全。

（2）访谈提纲的内容策划。

访谈提纲主要包括访谈目的、访谈时间、访谈地点、访谈对象、访谈工具和访谈问题。

① 访谈目的。访谈目的是访谈提纲的核心，用于明确访谈的主要目标。

② 访谈时间。访谈时间是访谈计划进行的时间。在选择访谈时间时，应考虑访谈对象的时间安排，选择他们比较方便的时间。

③ 访谈地点。访谈地点是开展访谈的物理位置或在线平台。在选择访谈地点时，应考虑访谈对象的舒适度及访谈所需的设备和技术支持。如果访谈对象对访谈地点有特殊要求，应予以尊重并尽量满足。

④ 访谈对象。访谈对象是访谈过程中提供信息的个人或群体。需要注意的是，访谈对象应具有代表性，并且对访谈主题感兴趣，愿意分享相关信息。

⑤ 访谈工具。访谈工具是访谈过程中使用的辅助设备，如录音笔、摄像机等。

⑥ 访谈问题。访谈问题是访谈提纲的重要组成部分。在设计访谈问题时，应遵循开放性、清晰性、相关性和非引导性等原则，并且还要考虑访谈对象的知识水平，以确保访谈问题的针对性和有效性。

以调研某地区消费者对水果的购买偏好为例，其访谈提纲如表 3-1 所示。

表 3-1　"某地区消费者对水果的购买偏好调研"访谈提纲

项　目	内　容
访谈目的	了解某地区消费者对水果的购买偏好
访谈时间	××××年××月××日
访谈地点	某地区的水果批发市场
访谈对象	在该地区水果批发市场购买水果的消费者
访谈工具	录音笔
访谈问题	（1）您最喜欢的水果是什么？ （2）您购买该水果时可接受的最高价格是多少？ （3）您对该水果的品质有哪些要求？ （4）您购买该水果时看重品牌吗？ （5）您购买该水果时会在意水果的包装吗？ （6）您经常在网上购买该水果吗？哪个平台最令您满意，为什么？ （7）您认为未来水果消费会有哪些变化或趋势？

4．确定信息收集时间

为确保收集到的信息既全面又具有时效性，同时为提高信息收集效率，调研人员应根据调研目标、调研对象的特点及采用的调研方法等来选择合适的信息收集时间。例如，调研人员在采用问卷法调研农贸市场中消费者对不同蔬菜的消费情况时，应选择蔬菜上市的时间段去调研，并且应选择早上或晚上消费者较集中的时间段来发放调查问卷。

5．确定人员安排

确定人员安排主要包括确定农产品市场调研的负责人员、策划人员和调研人员等，以及这些人员相应的职责。分工明确、技能匹配、责权对应的人员安排能够最大程度地增强不同人员之间的协作能力，提高市场调研的效率。

6．估算调研费用

农产品市场调研费用通常包括资料费（如打印调查问卷的费用）、设计费（如设计调查问卷的费用）、设备费（如购买访谈设备的费用）、劳务费（如调研人员的工资、专业人员的咨询费）。此外，调研费用还受调研范围、调研工作的复杂程度等因素的影响，需要视具体情况而定。

（三）实施调研活动

实施调研活动就是根据调研方案组织调研人员开展调研活动的过程。这一阶段的主要工作包括培训调研人员和收集相关信息。

（1）培训调研人员。对调研人员进行培训，让他们全面了解调研目标、调研对象、调研方法及调研内容。

（2）收集相关信息。调研人员必须集中精力做好调研工作，力求在规定时间内以较低的成本完成信息收集工作。

小提示

农产品市场调研收集到的信息通常是零散的，为深入挖掘信息背后隐藏的规律，需要对信息进行整理，使其系统化、条理化。

整理信息时可以选择人工操作方式，也可以选择软件操作方式，常用的信息整理软件有 Excel、SPSS 等。此外，在利用问卷调查平台开展调研时，问卷调查平台会在收集完信息后直接给出统计及分析结果，用户只需要进行简单的操作即可获取结果。

（四）撰写调研报告

撰写调研报告是农产品市场调研的最后一步。需要注意的是，调研报告不是数据和资料的简单堆砌，而是在科学分析后整理得出的有价值的调研成果。调研人员首先需要对农产品市场相关调研数据和资料进行合理、科学的分析与总结，然后通过文字、图片等形式将调研结果准确、直观地展现出来，以供相关人员参考。

任务实施——制订农产品市场调研方案

新疆维吾尔自治区阿克苏地区阿瓦提县因其独特的地理环境，产出的西梅个头大、含糖量高、口感好，因此备受消费者青睐。2024 年，在农业专家的技术指导下，当地果农不断改进种植技术，加强果园管理，使得西梅的产量得到提高，并且质量明显提升。

为了让更多消费者品尝到阿瓦提县西梅的独特风味，某农产品电子商务商家计划与当地的果农合作，在某地区销售西梅产品。为了解该地区西梅产品的市场竞争情况及消费者的消费习惯、购买偏好及购买力水平等，该农产品电子商务商家计划进行市场调研。

下面通过帮助该农产品电子商务商家制订关于西梅产品的市场调研方案，来更为直观地了解农产品市场调研。具体步骤如下。

步骤 1 确定调研对象。根据调研目标，可以将该地区的消费者、销售西梅产品的商家及行业专家作为此次农产品市场调研的对象。

步骤2 确定调研方法。根据调研目标和调研对象的特点，可以选择问卷法、观察法和访谈法作为此次农产品市场调研的方法。

（1）采用问卷法对消费者进行调研，了解消费者的消费习惯、购买偏好及购买力水平。

（2）采用观察法和访谈法相结合的方式了解该地区西梅产品的市场竞争情况。具体来说，通过观察销售西梅产品的商家的线下门店、官方网站、网络店铺和社交媒体账号等，了解竞争对手的经营情况；通过在线上、线下开展访谈活动，和行业专家交流西梅产品的市场竞争情况等。

步骤3 策划调研内容。以调查问卷为例，可以从消费者的个人信息（如性别、年龄）、消费习惯、购买偏好、购买力水平，以及对西梅产品的认知和看法等方面设计调研问题，具体如表3-2所示。

《西梅的市场调研》

《西梅的市场情况》

表3-2　调查问卷中的调研问题设计（部分）

类　型	调研问题
个人信息	您的性别是 □女　　　　□男
	您的年龄是 □18岁以下　　□18～28岁　　□29～40岁　　□40岁以上
消费习惯	您平均多久会购买一次西梅产品？ □一周　　□一个月　　□两个月　　□不购买
	您平均一次购买水果的数量是 □少量，满足即时需求　　□适量，按家庭人数购买 □大量，用于长期囤货　　□不购买
购买偏好	您在网上购买水果时，最关心的是 □品质　　□价格　　□包装　　□是否送货上门　　□其他_____
	您是否偏好购买季节性水果？ □是　　　　□否
购买力水平	您平均一周购买水果大约花费多少钱？ □50元以下　　□50～100元　　□101～150元　　□150元以上
对西梅产品的认知和看法	您对西梅产品有哪些了解？

步骤4 确定信息收集时间。每年的8月至9月是西梅的上市期，因此可以将信息收集时间定在该时间段，如选择8月15日～9月1日作为信息收集时间。此外，在采用问卷法对消费者进行调研时，如果利用问卷调查平台制作调查问卷，可以选择周末或工作日的晚上在各社交平台上发放调查问卷。

步骤5 确定人员安排。此次农产品市场调研的人员安排：1名负责人员，负责跟进和监督市场调研活动的全过程；3名策划人员，负责制订市场调研活动的方案；10名调研人员，负责收集与整理调研信息。

步骤6 估算调研费用。此次农产品市场调研的费用包括设计费、设备费、劳务费等（具体金额此处均省略），具体如表3-3所示。

表3-3 估算调研费用

类 型	说 明
设计费	设计调查问卷、访谈提纲的费用
设备费	购买录音笔等访谈设备的费用
劳务费	调研人员的工资、行业专家的咨询费等

任务二 定位农产品的卖点和价格

任务导入

通过市场调研了解农产品的市场情况后，接下来就要定位农产品的卖点和价格。所谓卖点，就是能够得到目标消费者认可的特点。有吸引力的卖点搭配合适的价格，可以吸引更多消费者关注和购买产品。

本任务首先介绍农产品卖点挖掘和农产品价格定位的相关知识，然后通过挖掘农产品的卖点并为其定价，来加深对农产品卖点和价格定位的认识。

一、农产品卖点的定位

在激烈的市场竞争环境中，农产品电子商务商家要想使自己的农产品脱颖而出，实现长期稳定的销售，就必须深入挖掘并优化农产品的卖点。

（一）挖掘农产品卖点的方法

综合来说，挖掘农产品卖点的方法主要有以下几种。

"能吃的"绿水青山

1. 从产地和环境入手

产地和环境是形成农产品独特品质的重要条件，从农产品的产地和环境入手是挖掘农产品卖点的重要方法。

（1）产地是指农产品的生长地域或主要产区，某些农产品在优势产地经历了长期的品

质培育并广为人知。以产地作为农产品的卖点，能够为其树立高品质、有特色的产品形象，如涌泉蜜桔、烟台红富士苹果等，如图3-3所示。此外，农产品电子商务商家可以通过产品溯源系统为消费者查询农产品产地信息提供便利，从而更好地突出农产品的产地卖点。

图3-3　以产地作为农产品的卖点

（2）环境是指农产品的生长环境，它对农产品的品质影响很大，独特的、纯天然的生长环境也是农产品的重要卖点。例如，土鸡蛋的卖点就是"土"，在销售土鸡蛋时可以通过宣传农家或山林散养、自然觅食等来突出母鸡的生长环境（见图3-4），让消费者对土鸡蛋的品质更加信任。

图3-4　以环境作为农产品的卖点

 案例阅读

挖掘培育"名特优新"农产品，做好"土特产"文章

近年来，内蒙古自治区包头市立足资源禀赋，狠抓质量兴农、绿色兴农、品牌强农，立足本土特色，挖掘、培育"名特优新"农产品，培育了"固阳黄芪""固阳莜

麦"等50个"名特优新"农产品,做好"土特产"文章。

"土特产"要散发富有地方特色的乡土气息。包头市固阳县地处北纬41度黄金纬度线,属于温带大陆性气候,该地土壤质地独特、气候凉爽、日照充分、昼夜温差大。独特的高原地貌环境和气候条件,造就了质量上乘且外观及口感独特的固阳黄芪。

2017年,固阳黄芪被农业农村部授予"农产品地理标志",固阳县被中国中药协会授予"中国固阳——正北黄芪之乡";2023年,固阳黄芪正式纳入药食同源管理目录。如今,固阳县以产地为卖点,乘着互联网的"东风",加强固阳黄芪产品宣传。例如,组织企业参与首届全国"名特优新"农产品产销对接会等推介活动,线上拓展电商平台(见图3-5)、短视频平台、直播平台等新的网络销售渠道,帮助固阳黄芪走向全国。

图3-5 京东商城上的固阳黄芪产品

(资料来源:王煊亚、闫廷,《内蒙古包头:挖掘培育名特优新农产品 做好"土特产"文章》,《消费日报》2024年4月3日)

案例解析:

固阳黄芪冠以"固阳"之名,体现了鲜明的产地特色,并且由于独特的高原地貌环境和气候条件,固阳黄芪在外观和口感上与其他地区的黄芪有着一定区别,能够给消费者留下独特的产品印象。因此,在宣传产品时,强调"固阳黄芪""正北黄芪之乡"等卖点,能够让消费者更加信赖产品的品质。

2. 从农产品品质入手

农产品的品质往往是吸引消费者的关键,农产品电子商务商家可以从农产品的外观、口感、风味、营养成分、生产工艺等方面挖掘农产品的卖点。例如,通过突出农产品的口感和风味(见图3-6),以及对身体健康有益的品质,可以促使消费者产生购买欲望。

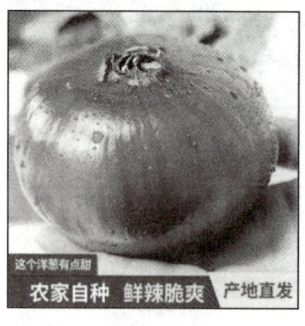

图3-6 突出农产品口感和风味

3．从文化内涵入手

在挖掘农产品卖点时，农产品电子商务商家可以从产品文化、历史文化、饮食文化、民俗文化等多个方面挖掘农产品的文化内涵，赋予农产品文化附加值。例如，西湖龙井茶有着千年的历史，农产品电子商务商家在销售西湖龙井茶时可以通过讲述西湖龙井茶与古代文人墨客的故事，来增加西湖龙井茶产品的历史感和文化底蕴。

 小提示

从文化内涵入手挖掘农产品的卖点时，要充分了解不同地区或人群的风俗习惯，避免造成文化冲突。

4．从人物塑造入手

从人物塑造入手挖掘农产品的卖点就是以农产品背后有意义、有特点的人物故事或事迹为卖点，从而吸引消费者关注和购买。

例如，在一些偏远地区，受物流、市场环境和自然环境等因素的影响，很容易产生农产品滞销现象，这给农户的生产和生活带来很大影响，因此在销售偏远地区滞销农产品时，可以从"爱心助农""公益助农"等方面出发塑造有爱心的企业家形象，并将其作为农产品的卖点，如图 3-7 所示。

图 3-7　将公益助农作为农产品的卖点

（二）优化农产品卖点的方法

挖掘出农产品的卖点后，还需要对卖点进行优化，进一步增强农产品的吸引力。具体来说，优化农产品卖点的方法主要有以下两种。

多削一层皮，
滞销货变身网红款

1．提供对比，简化理解

将农产品的卖点与消费者熟悉的事物进行对比，降低消费者理解的难度，促使消费者快速做出购买决策。例如，对于以不使用农药、化肥为卖点的有机蔬菜来说，可以将其纯净程度与矿泉水的纯净程度进行对比,方便消费者理解。

2. 构建场景,建立关联

通过图片、视频等较为直观的形式将农产品的卖点与消费者使用农产品的生活场景结合起来,让消费者产生需求被满足时的获得感,促使消费者做出购买决策。例如,要想让消费者迅速理解大米产品"米粒饱满、晶莹剔透、吸水性好"的卖点,可以用图片展示大米被煮熟后蓬松饱满、冒着热气的样子,塑造日常用餐的生活场景,如图3-8所示。

图 3-8　塑造用餐场景

 课堂讨论

　　某农产品电子商务商家计划推出一款新品种的小番茄,且确定了"甘甜清爽、汁水饱满"的卖点。请同学们讨论一下,如何优化这一卖点。

二、农产品价格的定位

农产品价格定位就是农产品电子商务商家综合考虑多种影响因素,把农产品价格确定在一个合适的水平,从而尽可能吸引消费者购买,实现收益最大化。

(一)农产品价格的影响因素

具体来说,农产品价格的影响因素主要有以下几个方面。

1. 产品成本

产品成本是农产品价格的基础,也是农产品价格的下限。农产品电子商务商家在为农产品定价时需要计算出农产品的所有成本,包括生产成本、人工成本、采购成本、包装成本、物流成本等。当农产品的成本发生变化时,农产品电子商务商家需要根据实际情况调

整农产品的价格。

2. 供需关系

当农产品的市场需求大于供给时，农产品价格通常上调；当农产品的市场需求小于供给时，农产品价格通常下调。例如，蔬菜在刚上市时价格通常较高，但随着蔬菜供给量的增加，价格就会逐渐下调，直至供需平衡后，价格就会稳定下来。因此，农产品电子商务商家需关注市场动态，以便及时调整农产品价格。

3. 市场竞争

当市场上竞争对手的数量较多时，消费者拥有更多的选择，为提高自身竞争力，农产品电子商务商家可以将农产品价格适当下调，从而吸引消费者购买。当市场上竞争对手的数量较少，消费者的选择变少，农产品电子商务商家可以将农产品价格适当上调，以便获得更多的利润。

4. 消费者认知价值

消费者对农产品所持有的认知价值（消费者对农产品价值的主观评价和认知）对他们所能接受的农产品价格有较大影响。当消费者对农产品的认知价值较高时，往往能接受一个较高的价格。如果农产品价格超出消费者对农产品的认知价值，消费者更倾向于拒绝购买。

5. 政府或行业组织干预

政府或行业组织为维护社会经济秩序，通常会干预某些农产品的定价。例如，政府会限定某些农产品的毛利率，最高、最低价格，价格波动幅度，或对一些农产品实行价格补贴等。

（二）农产品定价的策略

常见的农产品定价策略主要有以下几种。

1. 渗透定价策略

渗透定价策略是指农产品电子商务商家在农产品投入市场时将价格定得相对较低，以吸引消费者购买农产品。渗透定价策略适用于市场上竞争对手的数量较多、农产品的价格弹性（价格变动引起的市场需求量的变化程度）较大等情况。

渗透定价策略的优点是能够迅速提高农产品的市场占有率，缺点是销售农产品所获得的利润相对较低。

2. 撇脂定价策略

撇脂定价策略是指农产品电子商务商家在农产品投入市场时将价格定得相对较高，使商家能够在短期内获得高额利润。撇脂定价策略通常适用于新开发的、竞品较少的农产品，且需要农产品具备相应的高品质作为支撑。例如，新开发的农产品在投入市场时，此时市场上缺乏竞争对手，农产品电子商务商家可以通过较高的价格来树立农产品高档、优质的形象，从而吸引消费者购买。

撒脂定价策略的优点是通过较高的价格实现利润最大化，缺点是不利于提高农产品销量，而且会吸引大量竞争对手涌入市场，后期商家将面临激烈的市场竞争。

3．尾数定价策略

尾数定价策略是指农产品电子商务商家在为农产品定价时，不向上进位取整数，使消费者产生价格低廉的感觉，从而吸引消费者购买。尾数定价策略适用于中、低挡位的农产品。例如，将一瓶牛奶定价为 9.9 元会比定价为 10 元更能吸引消费者购买。

此外，在我国，一些数字（如"6""8""9"等）被人们赋予美好的寓意，在尾数上使用这些数字容易获得消费者的好感。尾数定价策略的缺点是商家有目的地利用消费者的心理感受，容易引起消费者的反感。

4．分档定价策略

分档定价策略是指农产品电子商务商家将同一农产品划分为不同档次，然后根据档次的不同进行定价。分档定价策略适用于在大小、外观、口感等方面有明显差别的农产品。例如，商家会将同一品种的樱桃按照大小的不同划分为不同等级，然后为每个等级进行定价。

分档定价策略的优点是通过划分不同档次可以满足不同层次的消费需求，缺点是对农产品划分档次需要付出额外的成本。

5．折扣定价策略

折扣定价策略是指农产品电子商务商家通过降低农产品价格或提供其他形式的优惠，以吸引消费者购买农产品的策略。折扣定价策略的类型有数量折扣（根据购买数量给予一定的折扣）、现金折扣（根据付款时间给予一定的折扣）、功能折扣（根据所处的销售环节给予一定的折扣）、季节折扣（对淡季购买给予一定的折扣）等。

折扣定价策略的优点是可以快速提高农产品销量和市场占有率、扩大消费者群体，缺点是销售农产品所获得的利润较低，并且有可能降低消费者对农产品的认知价值。

任务实施——挖掘农产品的卖点并为其定价

任务背景

黑枸杞（见图 3-9）是我国西部地区特有的沙漠药用植物品种，耐旱、耐盐碱。西部地区独特的自然环境，使得黑枸杞富含多种氨基酸及对人体有益的微量元素，并且所含维生素和脂肪远高于红枸杞。近年来，宁夏回族自治区中卫市等地大力发展黑枸杞种植，这样既有利于防风固沙，也有利于增加农民收

农产品卖点挖掘——从田间到市场的独特魅力

入。数据显示，2024 年 10 月 29 日，宁夏回族自治区中卫市中宁县黑枸杞产地货源平均价格为 62.82 元/千克。

图 3-9　黑枸杞

任务内容

（1）全班学生以 3～5 人为一组进行分组，各组选出组长。以小组为单位，组内成员分工协作。

（2）挖掘黑枸杞产品的卖点。在网上搜集黑枸杞产品的相关资料，结合前面所讲的方法挖掘黑枸杞产品的卖点，并填写表 3-4。

表 3-4　挖掘黑枸杞产品的卖点

方　法	相关资料	产品卖点（以广告词形式展示）
从产地和环境入手	示例：宁夏回族自治区中卫市被誉为"世界枸杞之都"。中卫市所属的沙坡头是国家级自然保护区，那里气候干旱、日照充足、生态环境好	示例：枸杞之都的瑰宝，天然无污染
从品质入手	示例：黑枸杞富含多种维生素、矿物质、氨基酸及抗氧化物质，尤其是花青素含量较高，这种天然色素具有很强的抗氧化能力。此外，黑枸杞具有滋补肝肾、益精明目的功效	示例：黑枸杞产品富含花青素和其他微量元素，具有保肝明目等功效

（3）优化黑枸杞产品的卖点。选择一到两个提炼出的黑枸杞产品卖点，采用合适的方法对它们进行优化，并填写表 3-5。

表 3-5 优化黑枸杞产品的卖点

产品卖点	优化方法	优化说明
示例：枸杞之都的瑰宝，天然无污染	提供对比，简化理解	示例：一些普通枸杞受种植环境的影响，需要使用农药来预防病虫害，所以存在农药残留的风险，而黑枸杞源自西部地区独特的自然环境，不需要使用农药，所以无农药残留

（4）为黑枸杞产品定价。首先在网上查找中卫市中宁县至本地的物流运费、本地黑枸杞产品的销售价格等信息，然后以中卫市中宁县黑枸杞产地货源平均价格为基础，为黑枸杞产品定价。

以北京市为例，中卫市中宁县至北京市的物流运费为首重（1 千克）23 元左右，续重每千克 10 元；北京市中等黑枸杞产品的销售价格约为 68 元/千克，优质黑枸杞产品的销售价格约为 98 元/千克。

因此，在为黑枸杞产品定价时，可以采用分档定价策略，将中等黑枸杞产品价格定为 90~100 元/千克，将优质黑枸杞产品价格定为 120 元/千克。

拓展阅读

农业强国呼唤"大国农匠"

新时代新征程，推动我国高质量发展，不仅需要"大国工匠"，也需要"大国农匠"。以执着专注、精益求精、一丝不苟、追求卓越的"工匠精神"来培养职业农民，就能锻造出一批批优秀的"大国农匠"。

2022 年 8 月 12 日，由中国农民丰收节组织指导委员会办公室指导、中国农村杂志社承办的"大国农匠"全国农民技能大赛（农村电商人才类）正式开赛。作为 2022 年中国农民丰收节的系列活动之一，本次大赛吸引了来自全国三十多个地区的选手参加。

在此次全国农民技能大赛的获奖选手中，既有种养能手，也有创新创业人才，还有农村电商达人，涵盖现代农业的产业体系、生产体系、经营体系，他们把青春梦想放飞在希望的田野，用自己的劳动创造为"大国农匠"书写了时代注脚。

王某是此次"大国农匠"全国农民技能大赛"农产品电商品牌筑造者"三等奖的获得者。2015 年，王某的父亲和亲戚们希望他能把家乡的蜂蜜产业做大。彼时，在北京打拼多

年的他，生意正做得红红火火。一番思考之后，王某毅然决定回乡创业。

蜂产品行业技术门槛低，蜂蜜及蜂产品品种繁多，要想在市场上立足，必须另辟蹊径。于是，王某成立了自己的公司，找来有丰富养蜂经验的亲戚们一起商讨，同时到全国各地调研养蜂技术，很快研发出一款原生态纯天然的"瓶装蜂巢蜜"产品，并在淘宝网等平台开设店铺，走上了电商销售新路。

由于蜂巢蜜新颖、原生态，且与众不同，"瓶装蜂巢蜜"产品很快受到消费者青睐，2016 年，网店的销售额达到 600 万元。2017 年，王某将公司搬到了芜湖湾沚区电商产业园，年销售额增加到 3 800 万元。至 2022 年，王某已在淘宝网、天猫商城、抖音等多个平台开设店铺，开展蜂产品网络销售。

王某说："此次获得'大国农匠'全国农民技能大赛奖项，既是对我从事电商行业取得成绩的肯定，也激励着我深耕'甜蜜的事业'，为乡村振兴贡献一份力量。"

王某凭借着对农业的执着专注和精益求精的"工匠精神"，成功将家乡的蜂蜜产业推向电商领域，不仅实现了个人事业的飞跃，更为乡村振兴注入了新的活力。他的故事是"大国农匠"精神的生动体现，也是新时代农民勇于追梦、敢于创新的真实写照。未来，期待更多像王某这样的"大国农匠"涌现，共同书写我国高质量发展的新篇章。

3～5 人一组，在网上查找资料并结合上述材料，讨论以下问题。

（1）工匠精神的具体内涵是什么？

（2）在开展农产品电子商务活动时，如何践行工匠精神？

项目考核

1. 选择题

（1）下列选项中，（　　）不属于农产品市场环境调研的内容。

　　A. 市场需求量及其变化趋势调研

　　B. 科学技术发展水平调研

　　C. 经济政策和法律法规调研

　　D. 生活习惯调研

（2）在农产品市场调研中，消费者行为调研的内容不包括（　　）。

　　A. 消费者消费结构调研

　　B. 消费者购买动机调研

　　C. 消费者购买行为调研

　　D. 消费者所在地域调研

（3）在农产品市场调研中，观察法的优点在于（　　）。

　　A. 可以收集第一手的市场信息

B．互动性强

C．调研效率比较高

D．调研结果便于总结和分析

（4）农产品市场调研的调查问卷一般不包括（　　）。

A．问卷标题 B．调研说明

C．调研人员的署名 D．调研问题

（5）下列选项中，属于从农产品品质入手挖掘农产品卖点的是（　　）。

A．强调农产品与腊八节的联系

B．强调农产品优越的生长环境

C．强调农产品口感爽滑

D．强调农产品悠久的种植历史

（6）下列选项中，（　　）不属于农产品价格的影响因素。

A．市场竞争 B．消费者个人喜好

C．产品成本 D．供需关系

2．判断题

（1）对于农产品电子商务商家来说，影响农产品市场环境的因素都是可控的。

（　　）

（2）农产品市场需求调研的内容包括消费者购买频率、购买方式、购买习惯和购买偏好调研。 （　　）

（3）在农产品市场调研中，访谈法的不足之处是调研效率比较低。 （　　）

（4）调研人员可以借助问卷调查平台设计和制作调查问卷。 （　　）

（5）农产品电子商务商家可以从产品文化、历史文化、饮食文化、民俗文化等多个方面挖掘农产品的文化内涵。 （　　）

（6）撇脂定价策略的优点是能使产品在短期内迅速占领市场。 （　　）

3．简答题

（1）简述农产品市场调研的基本流程。

（2）简述挖掘农产品卖点的方法。

（3）常见的农产品定价策略有哪些？

项目评价

全班学生每 3～5 人为一组，各组成员结合课前、课中和课后的学习情况，以及项目考核情况，按照表 3-6 的评价标准对本项目的学习成果进行自评和互评（组内成员互相打分），并请指导教师进行师评及总评。

表 3-6 项目评价

评价项目	评价内容	评价分数			
		分值	自评	互评	师评
知识（60%）	农产品市场调研的含义和内容	5 分			
	农产品市场调研的方法和工具	5 分			
	农产品市场调研的基本流程	20 分			
	挖掘及优化农产品卖点的方法	15 分			
	农产品价格的影响因素及农产品定价策略	15 分			
技能（20%）	制订农产品市场调研方案	10 分			
	挖掘农产品的卖点并为其定价	10 分			
素养（20%）	遵守课堂纪律，具有团队精神	5 分			
	具有自主学习意识，做好课前准备	5 分			
	积极参与教学活动，善于思考提问，勇于探索创新	5 分			
	细致认真，出色完成任务实施及项目考核	5 分			
合计		100 分			
总评	综合得分：_____	指导教师签字：_____			
	综合等级：_____				
总结提高	最突出的表现（优点或进步）： 还需改进的地方（缺点或不足）：				

说明：综合得分=自评（25%）+互评（25%）+师评（50%）；综合等级以"优"（综合得分≥90 分）、"良"（80 分≤综合得分<90 分）、"中"（60 分≤综合得分<80 分）、"差"（综合得分<60 分）为标准进行评价。

项目四

农产品质量安全管控与品牌建设

项目导读

　　随着农产品电子商务的迅速发展，越来越多的农产品进入人们的日常生活，为消费者带来了更多的选择。在琳琅满目的农产品中，有质量保障和品牌标识的农产品更容易受到消费者的青睐。因此，农产品电子商务商家应全力保障农产品质量安全，并建设农产品品牌，从而增强自身的市场竞争力。

学习目标

知识目标

- 熟悉农产品质量安全的内涵和管控方法。
- 了解农产品质量安全标准体系的含义和内容。
- 熟悉农产品质量安全认证的相关内容。
- 了解农产品质量安全追溯的含义和作用，以及农产品质量安全追溯体系的构成。
- 熟悉农产品品牌的内涵、构成要素和类型。
- 熟悉农产品品牌的命名原则和命名方法。
- 熟悉农产品包装的设计原则和设计要点。

能力目标

- 能够完成农产品质量安全调查与实践。
- 能够分析农产品品牌标志。

素质目标

- 增强法治观念，树立法治意识，提高对农产品质量安全的重视。
- 了解新一代信息技术在农产品电子商务中的应用，培养创新精神。

案例导入

汇聚品牌力量，"土特产"变身"金招牌"

围绕打造中国知名农产品品牌城市的目标定位，山东省青岛市不断汇聚品牌力量，做强"青岛农品"（见图 4-1），全面推进质量兴农、绿色兴农、品牌强农。

近年来，青岛市围绕农业品牌化建设，不断加大政策支持、财政扶持力度，通过监管核心品质、强化品牌声量、讲好品牌故事等方式，持续做大"青岛农品"区域公用品牌，使得越来越多的"青岛农品"成为带动农民致富的"好帮手"。

图 4-1　青岛农品

截至 2024 年，"青岛农品"区域公用品牌已连续 5 年入选全国区域农业品牌"十强"；青岛市全国"名特优新"农产品累计达到 67 个，特质农产品累计达到 32 个，入选数量均居全省首位；青岛市知名农产品品牌总量达到 227 个，绿色优质农产品品牌持续焕发新的生机和活力。

提高"青岛农品"品牌影响力的同时，青岛市深化国家农产品质量安全市建设，突出产管结合，建立从田头到餐桌全过程质量监管体系，从源头上保障品牌农产品质量。从生产时的质量监管、产品检测，到展销环节的动态管理，一系列的强监管机制和行动确保了青岛市农产品的高品质。此外，青岛市还颁布了 173 项农业地方标准，主要农作物生产实现了全过程有标可循。

清甜爽口的胶州大白菜、果香馥郁的马连庄甜瓜、色泽鲜艳的店埠胡萝卜、一口爆汁的草莓西红柿……可以说，每一份绿色、优质、安全的"青岛农品"背后，都有着青岛市对品牌和品质的双重保障。

（资料来源：吴曜彤，《"土特产"变身"金招牌"，青岛品牌强农有实招！》，"大众网"百家号，2024 年 10 月 25 日）

? 请思考：

农产品质量安全管控有哪些方法？"青岛农品"区域公用品牌的壮大能够为当地的农户和农产品电子商务商家带来哪些好处？

任务一　管控农产品质量安全

任务导入

　　民以食为天，食以安为先。农产品质量安全关系到消费者的身体健康，是消费者关注的焦点。对于农产品电子商务商家来说，管控农产品质量安全不仅是相关法律法规的要求，也是赢得消费者信任、增强农产品竞争力的关键。

　　本任务首先介绍农产品质量安全的相关知识，然后通过完成农产品质量安全调查与实践，来加深对农产品质量安全管控的认识。

一、农产品质量安全概述

　　随着生活水平的不断提高，人们对农产品质量安全的要求也越来越高。只有全力管控农产品质量安全，农产品电子商务才能持续、健康地发展。

（一）农产品质量安全的内涵

　　《中华人民共和国农产品质量安全法》对农产品质量安全的定义是"农产品质量达到农产品质量安全标准，符合保障人的健康、安全的要求。"具体来说，农产品质量安全既包括涉及人体健康、安全的安全性要求，也包括涉及农产品的营养成分、口感、风味等的品质要求。

　　农产品质量安全中的安全性要求一般依照法律法规的规定执行。例如，不得销售农药、兽药等化学物质残留或者含有的重金属等有毒有害物质不符合农产品质量安全标准的农产品；不得销售未按照国家有关强制性标准及其他农产品质量安全规定使用保鲜剂、防腐剂、添加剂、包装材料等的农产品。

　　对于农产品质量安全中的品质要求，部分品质指标是通过法律法规、标准来规范的，如食品安全国家标准就对生乳中的蛋白质含量、脂肪含量等作出了明确规定。而无法通过法律法规、标准来规范的品质指标，如口感、风味等，则需要农产品生产经营者、消费者甚至全社会来决定。

（二）管控农产品质量安全的方法

　　在农产品生产及流通过程中，存在许多影响农产品质量安全的因素，如大气污染、水体污染、土壤污染、病虫害、农药残留、加工工艺或保鲜措施不当、包装材料含有有害化

学物质等。因此，农产品生产经营者在生产及销售农产品的过程中，应当依照《中华人民共和国农产品质量安全法》《中华人民共和国食品安全法》等法律法规的规定，严格落实质量安全主体责任，保证其生产或销售的农产品符合质量安全标准。

具体来说，农产品生产经营者可以从以下几个方面管控农产品质量安全。

1. 实施源头治理

实施源头治理的重点是治理农产品产地环境和生产过程中存在的危害，如加强产地环境（如土壤环境、水质环境等）管理、科学合理使用农业投入品（农产品生产过程中所需的各种物质，包括生物投入品、化学投入品和农业设施设备等）、实施标准化生产等。

2. 推进农产品质量安全认证

农产品质量安全认证是保障农产品质量安全、促进农业可持续发展的重要手段。因此，农产品生产经营者积极对农产品进行质量安全认证，可以提高农产品和自身的市场竞争力。常见的农产品质量安全认证有绿色食品认证、有机产品认证和农产品地理标志认证等。

3. 加强农产品包装、储存及物流管理

农产品生产经营者应确保采用的包装材料、储存方式及物流设备符合农产品质量安全相关法律法规及标准的要求，避免农产品在包装、储存及运输过程中被污染，提高农产品质量安全。

4. 建设农产品质量安全追溯平台

建设农产品质量安全追溯平台是管控农产品质量安全的重要手段。农产品生产经营者可以通过农产品质量安全追溯平台查看农产品在生产、加工、流通等环节的记录，及时发现和解决农产品质量安全问题。

5. 强化农产品检验检测

农产品检验检测是确保农产品质量安全的重要环节。农产品生产经营者应建立完善的农产品质量安全检验检测体系，强化自身的农产品质量安全检验检测能力，并按照国家农产品质量安全风险监测计划，对重点区域和重点农产品品种进行质量安全风险监测，确保农产品质量安全。

实际上，对农产品质量安全的管控涉及农产品电子商务交易的全链条，要切实保障农产品质量安全，应树立全过程管理的理念，不断强化农产品质量安全全链条监管措施，实现生产记录可查询、产品流向可追踪、责任主体可明晰。

 **案例阅读**

2024 年全国农产品质量安全总体状况稳中向好

2024 年，农业农村部共开展了 3 次国家农产品质量安全例行监测工作，抽检蔬菜、水果、茶叶、畜禽产品和水产品 5 大类 23 398 个样品，涉及 123 个品种和 136 项参数，总体合格率首次达到 98%，比 2023 年上升 0.2 个百分点。

据介绍，全年例行监测共抽检了 239 个大中城市的 3 106 个蔬菜水果茶叶生产基地、1 453 辆蔬菜和水果运输车、751 个屠宰场、475 个养殖场、596 辆水产品运输车、1 498 个暂养池、2 366 个农产品批发（农贸）市场。监测结果显示，蔬菜、水果、茶叶、畜禽产品和水产品合格率分别为 97.9%、98.2%、99.2%、99.3% 和 96%。

从监测品种看，蔬菜中食用菌、茎类和水生类全部合格；芸薹属类、瓜类和茄果类合格率较高，分别为 99.1%、99% 和 98.9%。抽检的水果中，苹果、西瓜全部合格，葡萄、梨和柑橘合格率分别为 98.9%、98.9% 和 96.1%。抽检的茶叶中，红茶、绿茶合格率分别为 100%、99.1%。抽检的畜禽产品中，猪肝、猪肉、牛肉、禽蛋、羊肉和禽肉合格率分别为 99.9%、99.8%、99.4%、99.3%、99% 和 98.2%。抽检的水产品中，鳙鱼、鲢鱼、鲤鱼、克氏原螯虾和对虾合格率分别为 99.8%、99.6%、98.8%、98.6% 和 98.5%。

针对监测发现的问题，农业农村部按照随检随报、随报随转机制，已将不合格样品信息转给地方农业农村部门及时处置。下一步，农业农村部将坚持问题导向，强化对重点问题品种的铁腕整治，健全联动高效的风险预警机制，构建产地准出分类监管制度，提升基层监管检测能力，精准施策、以点带面守牢农产品质量安全底线。

（资料来源：农业农村部新闻办公室，《2024 年全国农产品质量安全总体状况稳中向好》，中华人民共和国农业农村部，2025 年 1 月 6 日）

案例解析：

农产品质量安全直接关系到人们的身体健康和生命安全。良好的农产品质量安全状况不仅有利于增强消费者对农产品市场的信心，促进农产品的流通和销售，增加农民收入，推动农业产业的健康可持续发展，也有助于提升我国农产品在国际市场上的竞争力。

二、农产品质量安全标准体系

（一）农产品质量安全标准体系的含义

农产品质量安全标准体系是指涉及农产品质量和安全的一系列标准的有机系统，涵盖农产品在生产、流通和销售等环节中的质量和安全要求。《中华人民共和国农产品质量安全法》规定，国家建立健全农产品质量安全标准体系，确保严格实施。

（二）农产品质量安全标准体系的内容

农产品质量安全标准体系包括国家标准、行业标准、地方标准和企业标准等。执行各类农产品质量安全标准是保障农产品质量安全的重要手段。

1. 国家标准

国家标准是指由国家标准化管理委员会等相关部门制定，在全国范围内统一适用的标准。国家标准分为强制性国家标准和推荐性国家标准。其中，强制性国家标准属于必须执行的标准；推荐性国家标准是国家鼓励执行的标准。

例如，《中华人民共和国农产品质量安全法》规定，农产品质量安全标准是强制执行的国家标准，包括以下要求。

（1）农业投入品质量要求、使用范围、用法、用量、安全间隔期和休药期规定；

（2）农产品产地环境、生产过程管控、储存、运输要求；

（3）农产品关键成分指标等要求；

（4）与屠宰畜禽有关的检验规程；

（5）其他与农产品质量安全有关的强制性要求。

又如，《限制商品过度包装要求 生鲜食用农产品》（GB 43284—2023）（"GB 43284—2023"是标准编号）是 2024 年 4 月 1 日起实施的一项强制性国家标准，该标准明确了蔬菜（含食用菌）、水果、畜禽肉、水产品和蛋等五大类生鲜食用农产品是否过度包装的技术指标和判定方法。

2. 行业标准

行业标准是指在某个行业范围内统一适用的技术标准，它是对国家标准的补充，通常由有关行政主管部门或行业协会制定。行业标准一般为推荐性标准。

例如，《电子商务农产品验收规范》（GH/T 1323—2021）是 2021 年 3 月 1 日起实施的一项行业标准，该标准规定了农产品电子商务经营者对在线销售的农产品验收的相关术语及其定义、验收流程及管理要求，适用于农产品电子商务经营者对商品的验收。

3. 地方标准

地方标准是指由省、自治区、直辖市标准化行政主管部门制定、在某一地区范围内统一适用的标准。

例如，《农产品质量安全追溯信息编码和标识》（DB45/T 2857—2024）是 2024 年 8 月 1 日起实施的一项地方标准，该标准界定了农产品质量安全追溯信息编码和信息标识相关的术语和定义，规定了信息编码和信息标识的要求，适用于广西壮族自治区行政区域内农产品质量安全追溯。

《农产品质量安全追溯
信息编码和标识》

4. 企业标准

企业标准是指企业根据自身的生产技术和管理水平，为保证农产品质量和市场竞争力而自行制定的标准。企业标准通常高于国家标准或行业标准。

例如，《农产品安全质量 无公害畜禽肉安全要求》（Q/NDDS 0027S—2019）是内蒙古自治区某生物科技有限公司于 2019 年 5 月 13 日起实施的一项企业标准，该标准规定了无公害畜禽肉产品的要求、试验方法、检验规则等。

> **知识链接**
>
> 　　标准编号一般由标准代号、标准发布顺序号和标准发布年代号组成。其中，标准代号分为国家标准代号、行业标准代号、地方标准代号、企业标准代号等。
>
> 　　例如，《限制商品过度包装要求　生鲜食用农产品》的标准编号为"GB 43284—2023"，其中"GB"为国家标准代号，"43284"为标准发布顺序号，"2023"为标准发布年代号。需要注意的是，"GB"为强制性国家标准，"GB"后加"/T"为推荐性国家标准。

三、农产品质量安全认证

　　农产品质量安全认证是指由相关机构依照法律法规、标准等对农产品进行全面、系统、规范的合格性评定活动。认证合格的农产品会由相关机构颁发认证证书或被授权使用认证标志，以证明该农产品符合特定的质量和安全要求。

　　绿色、有机、地理标志和达标合格农产品（统称"三品一标"）是我国政府主导的安全优质农产品公共品牌，是当前和今后一个时期引导农产品生产消费的主导方向。"三品一标"认证是我国农产品质量安全认证体系的重要内容。

（一）达标合格农产品

　　达标合格农产品是指具有农产品质量安全承诺达标合格证（以下简称"承诺达标合格证"，见图4-2）的农产品。承诺达标合格证是食用农产品生产经营主体根据质量安全控制、检测结果等依法开具，保证其销售的食用农产品符合农产品质量安全标准，落实主体责任的质量安全标识。

1. 承诺达标合格证的作用

　　承诺达标合格证是农产品生产经营主体对消费者和社会的承诺，具有一定的法律效力和自我约束力，并且由于承诺达标合格证包含农产品的基本信息，当出现农产品质量安全问题时可通过承诺达标合格证进行溯源，从而确保消费者的切身利益。

　　此外，相关部门还可通过承诺达标合格证规范农产品质量安全管理工作，促进农产品产地准出与市场准入相衔接，有效实施农产品从农田到餐桌的全程质量安全监控，确保农产品质量安全。

2. 承诺达标合格证的开具

　　根据相关规定，蔬菜（含食用菌）、水果、茶鲜叶、畜禽、禽蛋、养殖水产品等食用农产品应当实施承诺达标合格证管理。

　　农产品生产企业应当根据质量安全控制、自行检测或委托检测，在农产品产地批批开

具承诺达标合格证，并如实做好开具记录。其中，以质量安全控制符合要求为依据开具承诺达标合格证的，必须实施科学的质量安全控制措施；以自行检测或委托检测结果为依据开具承诺达标合格证的，检测的项目应当根据实际用药情况开展有针对性的检测。禁止虚假或者冒用他人名义违规开具承诺达标合格证。

承诺达标合格证

我承诺对生产销售的食用农产品：

□ 不使用禁用农药兽药、停用兽药和非法添加物

□ 常规农药兽药残留不超标

□ 对承诺的真实性负责

承诺依据：

□ 委托检测　　　　　　　□ 自我检测

□ 内部质量控制　　　　　□ 自我承诺

_____

产品名称：　　　　　　　数量(重量)：

产　　地：

生产者盖章或签名：

联系方式：

开具日期：　　　年　　月　　日

图 4-2　承诺达标合格证模板

知识链接

《中华人民共和国农产品质量安全法》规定，从事农产品收购的单位或者个人应当按照规定收取、保存承诺达标合格证或者其他质量安全合格证明，对其收购的农产品进行混装或者分装后销售的，应当按照规定开具承诺达标合格证。

（二）绿色食品

绿色食品是指产自优良生态环境、按照绿色食品标准生产、实行全程质量控制并获得绿色食品标志使用权的安全、优质食用农产品及相关产品。

1. 绿色食品的类型

绿色食品分为 A 级和 AA 级两种类型。

（1）A 级绿色食品是指产地环境质量符合《绿色食品　产地环境质量》（NY/T 391—2021）标准的要求，遵照绿色食品标准生产，生产过程中限量使用限定的化学合成物质，并积极采用生物学技

绿色食品知多少

术和物理方法，保证产品质量符合绿色食品产品标准要求，经专门机构许可使用绿色食品标志的产品。

（2）AA级绿色食品是指除达到A级绿色食品对产地环境质量、生产方式等的要求外，还要求在生产过程中不使用化学合成的肥料、农药、兽药、渔药、添加剂等物质，保证产品质量符合绿色食品产品标准要求，经专门机构许可使用绿色食品标志的产品。

2. 绿色食品标志

绿色食品标志是由中国绿色食品发展中心在国家知识产权局商标局正式注册的质量证明标志。省级人民政府农业行政农村部门所属绿色食品工作机构负责本行政区域绿色食品标志使用申请的受理、初审和颁证后跟踪检查工作。中国绿色食品发展中心负责全国绿色食品标志使用申请的审查、颁证和颁证后跟踪检查工作。

按照绿色食品的分类，绿色食品标志也分为A级绿色食品标志和AA级绿色食品标志。其中，A级绿色食品标志图形的图案颜色为白色，底色为绿色（见图4-3）；AA级绿色食品标志图形的图案颜色为绿色，底色为白色，如图4-4所示。

图4-3　A级绿色食品标志图形　　　　图4-4　AA级绿色食品标志图形

3. 绿色食品标志的申请和使用

在申请和使用绿色食品标志时，应重点注意以下几点。

（1）申请使用绿色食品标志的产品，应当符合《中华人民共和国食品安全法》和《中华人民共和国农产品质量安全法》等法律法规规定，在国家知识产权局商标局核定的范围内，并具备以下条件：① 产品或产品原料产地环境符合绿色食品产地环境质量标准；② 农药、肥料、饲料、兽药等投入品使用符合绿色食品投入品使用准则；③ 产品质量符合绿色食品产品质量标准；④ 包装贮运符合绿色食品包装贮运标准。

（2）申请使用绿色食品标志的生产单位，应当具备以下条件：① 能够独立承担民事责任；② 具有绿色食品生产的环境条件和生产技术；③ 具有完善的质量管理和质量保证体系；④ 具有与生产规模相适应的生产技术人员和质量控制人员；⑤ 具有稳定的生产基地；⑥ 申请前三年内无质量安全事故和不良诚信记录。

（3）绿色食品标志使用证书的有效期为三年。证书有效期满，需要继续使用绿色食品标志的，标志使用人应当在证书有效期满三个月前书面提出续展申请。标志使用人逾期未提出续展申请，或者申请续展未通过的，不得继续使用绿色食品标志。

（4）绿色食品生产经营者在产品内、外包装及产品标签上使用绿色食品标志时，绿色食品标志必须按照《中国绿色食品商标标志设计使用规范手册》的要求执行。

（5）绿色食品生产经营者不得扩大绿色食品标志的使用范围。例如，某果园生产的农产品有苹果、梨，其中仅苹果产品获得了绿色食品标志使用权，那么商家不得在梨产品的包装上使用绿色食品标志。

（三）有机农产品

有机农产品是指根据有机农业原则和有机农产品生产方式及标准生产、加工出来的，并通过有机食品认证机构认证的农产品，这类农产品具有纯天然、无污染、高品质、安全、营养等特点。

1. 有机农产品的内涵

有机农产品的"有机"并不是化学上的概念，而是指一种有机的农业生产和加工方式。有机农业生产和加工方式强调在农业生产和加工过程中不使用化学合成的农药、化肥、生长调节剂等化学物质和基因工程生物及其产物，而是遵循自然规律和生态学原理，通过采取一系列可持续发展的农业技术，协调种植业和养殖业的平衡，维持农业生态系统良性循环。

2. 有机产品认证

有机产品认证是指具有相应资质的认证机构依照《有机产品认证管理办法》的规定和有机产品认证规则，对相关产品的生产、加工和销售活动符合我国有机产品国家标准进行的合格评定活动。

具体来说，有机产品认证是一种市场行为，农产品生产经营者可按自身需求申请。申请有机产品认证，须符合《有机产品 生产、加工、标识与管理体系要求》（GB/T 19630—2019）标准的要求。

 小提示

有机农产品和 AA 级绿色食品都要求在生产过程中不使用化学合成的农药、肥料、生长调节剂等物质，且都需要通过专门的认证机构进行认证，以确保农产品的质量和安全。但是两者的认证标准和操作规程存在差别，有机农产品的认证标准通常更加严格和全面。

在实际生活中，AA 级绿色食品可以视为有机农产品的一种等效或类似形式。因此，消费者可以将 AA 级绿色食品视为与有机农产品具有相似品质和安全性保障的产品。

3. 有机产品认证标志

有机产品认证申请通过后，认证机构会向申请人出具有机产品认证证书并允许其使用有机产品认证标志。有机产品认证标志为正圆形，外围的圆形形似地球，象征和谐、安全，圆形中标有中文"中国有机产品"字样和英文"ORGANIC"字样，如图4-5所示。

图4-5 有机产品认证标志

 知识链接

> 有机产品认证证书的有效期为1年，获证申请人应至少在认证证书有效期结束前3个月向认证机构提出再认证申请。获证申请人的有机产品管理体系和生产、加工过程未发生变更时，认证机构可适当简化申请评审和文件评审程序。

4. 有机产品认证标志的使用规范

在使用有机产品认证标志时，应注意以下几点。

（1）有机产品认证标志应当在认证证书限定的产品类别、范围和数量内使用。

（2）获证申请人应当在获证产品或者产品的最小销售包装上，加施有机产品认证标志、有机码和认证机构名称。获证产品标签、说明书及广告宣传等材料上可以印制有机产品认证标志，并可以按照比例放大或者缩小，但不得变形、变色。

（3）获证产品在认证证书标明的生产、加工场所外进行了再次加工、分装、分割的，不得在产品、产品的最小销售包装及其标签上标注含有"有机""ORGANIC"等字样且可能误导公众认为该产品为有机产品的文字表述和图案。

（四）农产品地理标志

农产品地理标志是指标示农产品来源于特定地域，产品品质和相关特征主要取决于自然生态环境和历史人文因素，并以地域名称冠名的特有农产品标志，如"烟台苹果""阳澄湖大闸蟹""和田玉枣"等。

从盐池滩羊肉看地标
农产品的几大特征

1. 农产品地理标志的适用范围与作用

我国对农产品地理标志实行登记制度，经登记的农产品地理标志受法律保护。可登记农产品地理标志的农产品仅限于农业的初级产品，即在特定区域内的农业活动中获得的植物、动物、微生物及其产品。

为农产品登记地理标志有助于提高区域特色农产品的品牌价值、树立农产品的品牌美誉度、提高农产品的市场竞争力，防止假冒伪劣等侵权行为的发生。

2. 农产品地理标志及其使用规范

农产品地理标志实行公共标识与地域产品名称相结合的标注制度。其中，公共标识基本图案由"中华人民共和国农业农村部"中英文字样、"农产品地理标志"中英文字样，以及麦穗、地球、日月图案等元素构成，如图4-6所示。

图 4-6　农产品地理标志公共标识基本图案

在使用农产品地理标志时，应注意以下几点。

（1）符合农产品地理标志登记条件的组织、机构等，可以申请登记农产品地理标志；符合农产品地理标志使用条件的单位或个人，可以向登记证书持有人申请使用农产品地理标志。

（2）标志使用人应当按照生产经营年度与登记证书持有人签订农产品地理标志使用协议，并在协议中载明使用数量、范围及相关责任义务。农产品地理标志登记证书持有人不得向农产品地理标志使用人收取使用费。

（3）农产品地理标志使用协议生效后，标志使用人可以在产品及其包装上使用农产品地理标志，并可以使用登记的农产品地理标志进行宣传和参加展览、展示及展销活动。

（4）印刷农产品地理标志应当符合《农产品地理标志公共标识设计使用规范手册》要求。全国可追溯防伪加贴型农产品地理标志由中国绿色食品发展中心统一设计、制作，农产品地理标志使用人可以根据需要选择使用。

（5）农产品地理标志登记证书持有人和标志使用人不得超范围使用经登记的农产品地理标志。

（6）任何单位和个人不得冒用农产品地理标志。

知识链接

　　地理标志产品是指产自特定地域，所具有的质量、声誉或者其他特性本质上取决于该产地的自然因素、人文因素的产品，包括来自本地区的种植、养殖产品，以及原材料全部来自本地区或者部分来自其他地区，并在本地区按照特定工艺生产和加工的产品。为了有效保护我国的地理标志产品，规范地理标志产品名称和地理标志专用标志的使用，保证地理标志产品的质量和特色，国家知识产权局制定了《地理标志产品保护办法》。

　　《地理标志产品保护办法》规定，地理标志产品保护申请，由提出产地范围的县级以上人民政府或者其指定的具有代表性的社会团体、保护申请机构提出。获得地理标志产品保护的，应当规范使用地理标志产品名称和专用标志，如图4-7所示。

图 4-7　地理标志专用标志

　　地理标志产品产地范围内的生产者使用地理标志专用标志时，应当向产地知识产权管理部门提出申请。在研讨会、展览、展会等公益性活动中使用地理标志专用标志的，应当向所在地省级知识产权管理部门提出备案申请。

四、农产品质量安全追溯

　　近年来，随着传统监管方式向智慧监管方式转变，信息化手段在农产品质量安全监管领域的运用日益广泛，不仅提高了农产品质量安全监管的效率，农产品质量安全问题也得到了有效控制。在这个过程中，农产品质量安全追溯起到了关键性作用。

（一）农产品质量安全追溯的含义

　　农产品质量安全追溯是指运用信息化的方式，跟踪记录农产品生产经营者主体和产品流向等农产品质量安全信息，满足政府监管、企业经营和公众查询（见图 4-8）需要的农产品质量安全管理措施。

图 4-8 · 扫码查看农产品的相关信息

农产品质量安全追溯包含追踪和溯源两个方面的内容。追踪是指从农产品供应链上游至下游，通过追溯标识跟踪农产品的去向；溯源是指从农产品供应链下游至上游，通过追溯标识查询农产品的来源。

要想实现农产品质量安全追溯，必须具备信息采集、信息传递、追溯标识、信息查询、数据运用 5 大要素。

（1）信息采集是将农产品生产经营者主体和产品流向等农产品质量安全信息记录在追溯系统或平台上。

（2）信息传递是在农产品电子商务各环节之间建立信息连接，确保采集的农产品质量安全信息能够快速、准确地传递。

（3）追溯标识是指由农产品质量安全信息生成的二维码、条形码等标识，通常为一物一码。

（4）信息查询是通过追溯标识查询农产品质量安全信息。

（5）数据运用是对查询到的农产品质量安全信息进行分析，并以此来优化供应链管理、预测市场需求、提升农产品质量、评估市场风险等。

（二）农产品质量安全追溯的作用

对于农产品电子商务活动的各类参与主体来说，农产品质量安全追溯都有着积极的作用。

（1）对于农产品生产经营者来说，通过农产品质量安全追溯，不仅能够提升其管理水平，帮助其精准把控各个环节，还能够让消费者对其产品质量更具信心，提高其市场竞争力。此外，农产品质量安全追溯还可以帮助农产品生产经营者及时、准确地召回存在质量安全问题的农产品，从而降低问题农产品对消费者健康造成的潜在风险，减少质量安全问题对农产品生产经营者自身声誉和经济利益的损害。

（2）对于农产品电子商务平台来说，通过农产品质量安全追溯，不仅可以有效提高平台对农产品质量安全的监管能力，增强消费者对平台的信任度，还可以实现供应链上下游

的信息共享，促进协同合作，从而提高整个供应链的透明度。

（3）对于消费者来说，通过农产品质量安全追溯，可以方便、快速地查询农产品的来源，从而更加放心地购买和使用农产品，并且当农产品出现质量安全问题时，能够锁定问题根源，明确责任主体，从而更好地保障自己的合法权益。

（4）对于相关政府部门来说，通过农产品质量安全追溯，可以更加便捷地监管农产品质量安全，净化农产品市场，打击假冒伪劣和非法农产品，确保农业生产安全和农产品质量安全。

（三）农产品质量安全追溯体系的构成

近年来，我国政府明确了农产品生产、加工、运输、销售等环节的追溯要求，制订了详细的追溯流程和数据记录标准，持续推动农产品质量安全追溯平台建设，农产品质量安全追溯体系逐步完善。目前，我国农产品质量安全追溯体系由国家追溯平台、地方追溯平台、企业追溯平台共同构成。

1. 国家追溯平台

国家追溯平台（全称"国家农产品质量安全追溯管理信息平台"，见图4-9）是农产品质量安全智慧监管和国家电子政务建设的重要内容，由农业农村部农产品质量安全中心开发建设。国家追溯平台的业务涵盖追溯、监管、监测和执法，能够实现农产品从生产到进入市场前的可追溯管理，并且拥有追溯链条长、跟踪流向广、开放性和兼容性好的突出优势，从而引领地方平台发展。

图4-9　国家农产品质量安全追溯管理信息平台首页

国家追溯平台面向政府、企业和公众提供农产品质量安全追溯服务，具体如下。

（1）服务政府：为政府监管提供信息化管理手段，通过对追溯、监管、监测、执法基础数据的集中管理，实现农产品质量安全监管的移动化、智能化和可视化，提升政府的农产品质量安全监管能力。

（2）服务企业：为农产品生产经营企业搭建统一的内外部追溯平台，规范企业生产经营活动，实现农产品"来源可追溯、流向可追踪、风险可预警、产品可召回、责任可追究"。

（3）服务公众：为公众提供统一的农产品追溯查询入口，方便公众快捷、实时地查询农产品的相关信息。

2. 地方追溯平台

地方追溯平台（全称"地方农产品质量安全追溯平台"）是指由县级以上农业农村部门按照各自职责推进建设的农产品质量安全追溯平台。县级以上农业农村部门应推动本级农产品追溯平台逐级与国家追溯平台对接，实现数据共享、业务融合，支持本域农产品生产经营者自主选用部、省、市、县级农产品追溯平台，开展责任主体和产品流向的追溯管理，严格执行国家及农业农村部出台的农产品质量安全追溯相关政策意见等。

地方追溯平台与国家追溯平台有机结合，互为补充，共同促进了我国农产品质量安全追溯体系的发展。图 4-10 为新疆维吾尔自治区的农产品质量安全追溯管理平台。

图 4-10　新疆农产品质量安全追溯管理平台首页

3. 企业追溯平台

除国家追溯平台和地方追溯平台外，一些农产品电子商务企业也在积极建设农产品质量安全追溯平台，落实农产品质量安全追溯的主体责任。例如，京东农业科技自研的全链数字化溯源平台实现了对农产品全链路的精细化溯源管理，消费者只需要扫描农产品上的溯源码，便能全面了解农产品的种植记录、生长环境数据、加工过程信息等。

 案例阅读

农产品质量安全认证与追溯并行，带来"舌尖上的幸福"

2024 年 10 月 13 日，福建省人民政府办公厅印发《关于践行大食物观构建多元化食物供给体系的实施方案》（以下简称《实施方案》）的通知。《实施方案》强调，要提升食品质量安全水平，进一步加强农产品质量安全地方标准制修订，健全承诺达标

合格证与"一品一码"追溯并行制度（以下简称"并行制度"），强化全过程、全链条食品监管。

"并行制度"是福建省提升农产品质量安全治理能力的一项重大制度创新，目的是实现持证上市，助推亮证行动，实现源头可溯、去向可追、风险可控，全面提升农产品质量安全监管效能和现代化水平。

早在2017年，福建省就出台了《福建省食品安全信息追溯管理办法》，推动构建"从农田到餐桌"的一品一码全过程追溯体系，成为食用农产品"身份证1.0版本"。2019年底，农业农村部在全国试行食用农产品承诺达标合格证制度。为统筹推进食用农产品承诺达标合格证制度，福建省升级食用农产品"身份证2.0版本"——"并行制度"应运而生，以一张码实现承诺达标合格证与追溯凭证衔接融合、两证合一、通查通识。

在管理办法实现升级的同时，系统功能也不断升级完善。2024年，为了方便没有办理市场主体登记的农户与产地收购者赋码出证，福建省农业农村厅开发了闽农追溯农户端App，让农户开证从"手写时代"进入"信息技术时代"，进一步确保上市农产品赋码出证、凭证销售。

赋码不是终点，还要验码、亮码、识码，才能切实保障农产品质量安全。在某直播电商平台上，福建某网络科技有限公司与永安市某农副产品加工有限公司联合开展永安黄椒亮证直播间带货活动，在直播间展示可追溯的农产品。

通过开展亮证行动，生产主体与商超、网上销售平台实现了良性互动，群众真切体会到什么是上市农产品有标识、流向可追踪、责任能界定的安全感。在福建省，这场以"码"当先的农产品质量安全亮证攻坚，切实带来了"舌尖上的幸福"。

（资料来源：陈梦茵，《数字赋能 证码合一 福建深入推进"并行制度"实施》，中国新闻网，2024年11月13日）

案例解析：

农产品质量安全认证与追溯的结合实现了农产品在生产流通全过程中的"来源可溯、去向可查、责任可究"，为农产品质量安全管控提供了有力的保障。农产品生产经营者进行农产品质量安全认证，农产品电子商务平台建立或对接农产品质量安全追溯系统，不仅是依法落实农产品质量安全管控主体责任、保障消费者合法权益的必要举措，也是提升商家和平台信誉、增强消费者信任的有效手段。

任务实施——农产品质量安全调查与实践

任务背景

农产品作为人类饮食文化的重要组成部分，其质量安全直接关系到人们的身体健康和生命安全。近年来，国内外农产品质量安全事故频发，引发了社会各界对农产品质量安全

的高度关注和广泛讨论。为确保农产品从生产源头到餐桌的全程安全，我国政府和相关机构不断加强农产品质量安全管控，制定了一系列法律法规和相关标准。

任务内容

（1）全班学生以 3～5 人为一组进行分组，各组选出组长。以小组为单位，组内成员分工协作，围绕以下几个问题搜集资料。

① 在全国标准信息公共服务平台网站（std.samr.gov.cn）上查阅与农产品质量安全相关的标准。

② "三品一标"的具体标准、认证程序及认证时所需的材料。

③ 农产品质量安全追溯系统的技术原理及流程。

（2）收集一些农产品追溯标签（码），扫码查看溯源信息。

（3）到当地的农产品市场或企业进行调研，了解它们在农产品质量安全管控上采取的措施。

（4）组长带领小组成员整理搜集的资料，然后以"农产品质量安全管控"为主题制作演示文稿。

（5）各组选出一名代表上台汇报，并由指导教师进行点评。

任务二　建设农产品品牌

 任务导入

　　农产品品牌建设是农业现代化发展的重要内容，它对增强农产品的市场竞争力、促进农民增收具有重要意义。近年来，我国农产品品牌建设步入快车道，各地的农产品品牌如雨后春笋般涌现，有力地促进了农产品电子商务的发展。

　　本任务首先介绍农产品品牌的基础知识，以及农产品包装的设计，然后通过分析农产品品牌标志，来加深对农产品品牌建设的认识。

一、农产品品牌概述

拥有品牌的农产品往往更具市场竞争力，更容易受到消费者的青睐。因此，要想提高农产品的销量，增强农产品的市场竞争力，就需要建设农产品品牌。

（一）农产品品牌的内涵

《营销术语词典》中对品牌的定义：品牌是一种名称、术语、标记、符号或图案，或者是上述元素的组合，用于识别一个销售者或一群销售者的产品与服务，并由此区别于其

他竞争者的产品与服务。在汉语中，品牌为"品"和"牌"的组合，意在借助"牌"来让消费者清楚识别不同的"品"。随着社会经济的不断发展，品牌的内涵也在不断延伸。如今，品牌不仅是企业产品与服务的象征，更是企业文化、价值观的综合体现。

农产品品牌是指使用在农产品上、用于区别于其他同类产品的名称、标志、包装等元素的总和。农产品品牌是建立农产品生产经营者与消费者信任关系的桥梁，它以形象、直观的方式向消费者传达农产品信息，从而帮助消费者在众多农产品中做出选择。

（二）农产品品牌的构成要素

农产品品牌是一个综合性的标识系统，由品牌名称、品牌标志、品牌广告语、品牌象征物、品牌包装等要素构成。

1．品牌名称

品牌名称就是品牌的名字，它是消费者识别品牌的首要要素。例如，贵州省为省内的牛肉产品打造了名为"贵州黄牛"的品牌。

2．品牌标志

品牌标志是指品牌中可以用视觉识别，但无法直接用语言来准确描述的部分，包括符号、文字、形状、图案、特定的色彩等。品牌标志是一种视觉语言，通常用于传达产品的自然属性、安全属性、地域特色和品牌故事等信息。例如，图 4-11 为"贵州黄牛"农产品品牌标志，该品牌标志由图案及文字组成。其中，上半部分的山水图案代

图 4-11 "贵州黄牛"农产品品牌标志

表风景优美的贵州，下半部分的尖角图案代表黄牛，在图案的下方还使用有设计感的"贵州黄牛"文字作为补充说明。

3．品牌广告语

品牌广告语通常概括了品牌的核心价值观、理念、产品卖点等，目的是快速、准确地在消费者心中留下深刻的印象。例如，"特仑苏"品牌的广告语"不是所有牛奶都叫特仑苏"强调了品牌的独特性和高端定位，并且能够短时间让消费者对品牌产生深刻印象。

4．品牌象征物

品牌象征物又称品牌吉祥物，是企业为了强化品牌形象而设计的具象化视觉形象，可以增强品牌的亲和力和吸引力，拉近企业与消费者的关系。品牌象征物可以是人物、动物、植物、虚构角色等。例如，蒙牛品牌的品牌象征物是一只名为"蒙思壮"的卡通奶牛。

 课堂讨论

2021 年 5 月 26 日，在"宁夏枸杞"区域公用品牌发布暨第四届枸杞产业博览会筹备工作新闻发布会上，"宁夏枸杞"区域公用品牌的标志、广告语和吉祥物正式发布，如图 4-12 所示。

图 4-12　"宁夏枸杞"区域公用品牌的标志、广告语和吉祥物

请同学们对"宁夏枸杞"区域公用品牌的标志、广告语和吉祥物进行分析。

5．品牌包装

品牌包装是产品的外在表现形式，它不仅能保护产品，方便产品运输，还能塑造和传播品牌形象。有创意、设计精美的包装能够让农产品在众多同类产品中脱颖而出，从而吸引消费者的注意力，刺激消费者的购买欲望。

（三）农产品品牌的类型

按照品牌应用范围的大小，可将农产品品牌分为以下 3 种类型。

1．区域公用品牌

区域公用品牌是指在一个具有特定自然生态环境、历史人文因素的区域内，由相关组织所有，并由若干农业生产经营者共同使用的农产品品牌。区域公用品牌的名称通常由"产地名+产品名"组成，如"福州茉莉花茶""兴安盟大米""盱眙龙虾"等，如图 4-13 所示。区域公用品牌的品牌权益不属于某个个人或企业所有，而是由区域内相关机构、企业、个人等共同所有，并且区域公用品牌不能注册为普通商标，只能通过集体商标或证明商标的形式来加以保护。

这些区域公用品牌
你知道吗

图 4-13　农产品区域公用品牌示例

课堂讨论

区域公用品牌与农产品地理标志认证都是以地域名称为农产品冠名，请同学们讨论一下两者之间有什么共同点和差异。

2. 企业品牌

企业品牌是指由企业独自拥有的品牌，如"百瑞源""国联水产""西域果园"等，如图 4-14 所示。与区域公用品牌的公共性相比，企业品牌具有专有性，其他机构、企业或个人不能使用未授权的企业品牌及获取企业品牌所带来的收益。

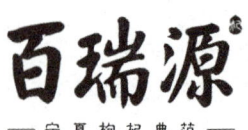

图 4-14　农产品企业品牌示例

3. 产品品牌

产品品牌的应用范围一般聚焦于某款产品，它是企业品牌的一部分。一个企业可以建设多个产品品牌。例如，入选"2024 年成都市农业品牌目录"的"青城飘雪"和"青城山雪芽"均属于四川省某茶叶有限公司建设的绿茶品牌，如图 4-15 所示。

图 4-15　农产品品牌示例

 案例阅读

品牌化助力郑州市农产品网络销售

《2024 年 1～9 月河南省农产品网络零售发展报告》（以下简称《报告》）显示，2024 年前三季度，河南省农产品网络零售额达 740.55 亿元，相较于 2023 年同期增长了 11.3%。从区域分布来看，郑州市"一城独大"，其农产品网络零售额为 251.58 亿元，占比 34%。

《报告》还显示，在 2024 年前三季度河南省农产品品牌网络零售额前 20 名的榜单中，郑州市以 7 个品牌的数量领先其他地市。在特色农产品方面，郑州市的枣、茶叶等农产品表现亮眼。尤其是枣产品，郑州市的枣产品网络销售额占全省的 77.9%，销量占全省的 61.1%。

能够取得这样的好成绩，与郑州市近年来大力推进农产品品牌建设密不可分。2023 年，郑州市出台《郑州市培育争创"美豫名品"公共品牌实施方案》，提出"要加强农产品区域公用品牌、企业品牌、产品品牌培育，大力培育农业品牌，推动产品优势转化为品牌优势""到 2025 年，省级以上农产品区域公共品牌达 10 个以上"等。

此外，郑州市还以县域为重点，鼓励市（县）区立足资源禀赋，做大做强农产品区域公共品牌，结合特色农产品优势区建设，推动一个特优区塑强一个区域公用品牌……

一系列利好举措使得郑州市农产品品牌打造不断"进阶"。2024 年 11 月 1 日，河南省农业农村厅正式发布首批"豫农优品"名录，其中郑州市的 12 家单位 27 款产品上榜。

（资料来源：韩玉，《农产品网销 如何成我省新"爆点"》，《河南商报》
2024 年 11 月 19 日）

案例解析：

郑州市通过加强农产品区域公用品牌、企业品牌、产品品牌的建设，打响了郑州市特色农产品的知名度和美誉度，让本地农产品生产经营者在网上销售农产品时具备了一定的品牌优势，从而极大地提高了农产品的网络销售额。

区域公共品牌是在特定地理区域内，由多个主体在政府主导下实现共同的品牌建设的品牌。此类品牌由区域内多个主体共同拥有、共同创造、共同使用、共同享受品牌带来的利益。区域公共品牌与区域公用品牌最大的区别是，前者是在政府主导下实现的，而后者是在相关组织主导下实现的。

二、农产品品牌的命名

一个好听、好记、易于传播、特点鲜明的名称对于农产品品牌来说至关重要。它不仅可以提高农产品品牌的辨识度，还可以帮助农产品品牌在消费者心目中建立良好的形象，从而吸引消费者了解或购买农产品。

（一）农产品品牌的命名原则

为确保农产品品牌名称既能吸引消费者注意，又能方便传播，在为农产品品牌命名时需要遵循以下几个原则。

1. 简洁明了，易读易记

简洁明了的农产品品牌名称更便于消费者记忆和传播，如"海天下""塞外香"等。此外，农产品品牌名称还要朗朗上口，难以发音或音韵不好的字，难写或难认的字，字形不美、含义不清或译音不佳的字，均不宜采用。

2. 突出卖点，独出心裁

在为农产品品牌命名时，可以突出农产品的卖点，如产地、环境、品质等，增强农产品的吸引力及消费者对农产品品牌的信任。例如，"天山蜜王""楼兰蜜语"等品牌名称就突出了农产品的产地卖点，并且融入了农产品品质、口感等元素。

 小提示

在为农产品品牌命名时，新颖别致、令人耳目一新的品牌名称更容易在众多品牌名称中脱颖而出，从而获得大量关注。例如，专注于水果番茄领域的"一颗大™"品牌，其名称故意给消费者留下悬念——"一颗大什么？"这种悬念能够有效吸引消费者的注意力并强化品牌印象。

3. 合法合规，避免误解

合法合规是指农产品品牌名称要能够通过商标注册，从而获得法律的保护，这是品牌命名的重要前提。再好的名称如果不能注册为商标，得不到法律保护，就不能发挥它应有

的作用。此外，在为农产品品牌命名时，还要注意不同地区的文化习俗、价值理念等，以免造成误解。

（二）农产品品牌的命名方法

通常来说，为农产品品牌命名的方法主要有以下几种。

1. 以产地命名

农产品的地域性普遍较强，并且一些农产品的产地往往知名度较高，以产地为农产品品牌命名有助于增强消费者对农产品品牌的信任。例如，农产品区域公用品牌一般以"产地名+产品名"的方式命名，如"伽师新梅""融安金桔""莱阳梨"等。

2. 以品质命名

以品质命名是指以农产品的外观、风味、口感、营养成分等品质来为农产品品牌命名，目的是让消费者通过名称就能了解农产品的品质，刺激消费者的购买欲望。例如，消费者看到"五谷鸡蛋"名称时，就会认为这些鸡蛋是由五谷杂粮喂养的鸡所产，进而相信这些鸡蛋具备较高的营养价值。

3. 以IP形象命名

以IP形象命名是指以具有独特形象、故事等的人物、动植物、科技元素等为农产品品牌命名，以此来增强农产品品牌的辨识度，传达农产品品牌的核心价值观。例如，"褚橙"是以创始人姓氏为农产品品牌命名的，"三只松鼠"是以活泼可爱的卡通松鼠为农产品品牌命名的。

4. 以农产品制作工艺或农产品主要成分命名

以农产品制作工艺或农产品主要成分为农产品品牌命名，能够让消费者对农产品质量产生信赖感，如"小磨芝麻油""沙棘原浆"等。

5. 以企业名称命名

对于一些具有较高市场知名度的农产品生产经营企业来说，可以直接使用企业的名称为农产品品牌命名。这样做的好处是，农产品品牌可以借助企业的知名度迅速扩大传播范围，以较少的广告投入获得更好的传播效果。

6. 以消费者感受或情感需求命名

以具有感情色彩的吉祥词或褒义词为农产品品牌命名，能够有效提升品牌的亲和力，引起消费者的好感，如"好想你""福临门"等。

 课堂讨论

　　请同学们从家乡特色农产品中挑选一种，发挥创意，为其设计一个品牌名称，并相互交流彼此的设计思路。

三、农产品包装的设计

农产品包装设计是农产品品牌建设和市场推广的重要环节，它不仅关乎农产品的保护和运输，还直接影响到消费者的购买决策。

（一）农产品包装的设计原则

优秀的农产品包装设计应能够吸引消费者的注意力，传达农产品的价值，同时符合安全和环保要求。具体来说，在对农产品包装进行设计时，应遵循以下几个原则。

1. 保障农产品安全

保障农产品安全是农产品包装最核心的作用，也是农产品包装最基本的设计原则。在设计农产品包装时，包装材料和结构的选择应充分考虑农产品的形状、大小和特性等，以保障农产品在运输和储存过程中不损坏、不变质、不变形等。

2. 便于运输、陈列、携带和使用

在保障农产品安全的前提下，农产品包装还应便于运输和陈列，从而提高农产品物流效率，降低物流成本。同时，农产品包装设计还需考虑便携性，应方便消费者携带及使用，从而提升消费者的购物和使用体验。

3. 突出农产品特色

突出农产品产地、品种、口感、营养成分等特色的包装设计，不仅能够让消费者快速了解农产品优势，增强消费者的购买意愿，还能强化农产品品牌形象，增强消费者对农产品品牌的认同感。

4. 符合法律法规及标准

在我国相关法律法规及标准中，对农产品的包装设计有着强制性的要求，设计农产品包装时应遵守这些规定。例如，《农产品包装和标识管理办法》规定，农产品生产企业、农民专业合作经济组织及从事农产品收购的单位或者个人包装销售的农产品，应当在包装物上标注或者附加标识标明品名、产地、生产者或者销售者名称、生产日期。

5. 绿色环保

绿色环保是当前社会发展的重要趋势。在设计农产品包装时，如果能引入绿色环保的理念，如采用环保的包装材料、简化包装结构等，就能轻松赢得消费者的好感，满足消费者对绿色环保产品的需求。

（二）农产品包装的设计要点

农产品包装设计是一个综合性的创意过程，需要综合考虑品牌定位、目标市场、产品特性、保护功能、环保要求、合规性、创新性和消

这样包装的雨林小包谷你心动吗

费者反馈等多个方面。下面简单介绍几个比较重要的设计要点。

1. 合理选择农产品包装材料

在农产品电子商务活动中，农产品周转的频率较高，为保障农产品安全，在设计农产品包装时需要为农产品选择合适的包装材料。在实际应用中，瓦楞纸箱（见图4-16）、热收缩膜、塑料袋、泡沫箱等都是常用的农产品包装材料。

此外，由于农产品具有很强的地域特征，如果将产地的竹、木、棉、麻等与农产品相关的材料应用在包装上，不仅可以降低农产品包装成本，还可以让消费者感受到原生态韵味，如图4-17所示。

图 4-16　瓦楞纸箱　　　　　图 4-17　以干草作为鸡蛋产品的包装

2. 直观展示农产品形象

在农产品包装上通过图案、文字、色彩等形式直观展示农产品形象，以农产品本身的魅力吸引消费者，有助于消费者快速识别农产品，如图4-18所示。

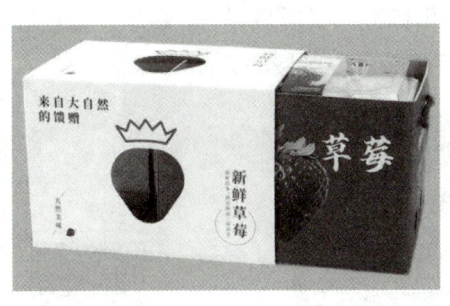
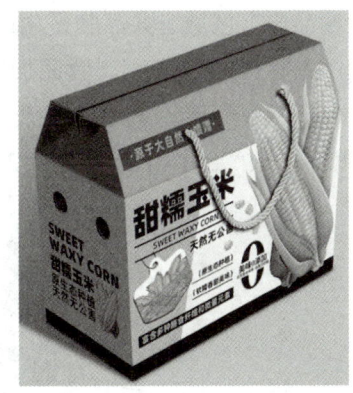

图 4-18　直观展示农产品形象的包装设计

3. 标注农产品的用途和使用方法

在农产品包装上通过文字、图形、图片等形式介绍农产品的用途和使用方法，可以让消费者快速了解该农产品可用来做什么、如何使用效果最佳、使用后的效果如何等。这种包装设计简单明了，并兼具知识性和实用性。

4. 融入特色元素

在设计农产品包装时，可以融入与农产品相关的特色元素，如产地环境、文化内涵、人文故事，以及农产品种植、加工等特殊工艺，从而增强农产品的辨识度及消费者对农产品的信任感。例如，"宜川苹果"就在其包装设计上融入了产地环境元素——黄河壶口瀑布，如图 4-19 所示。

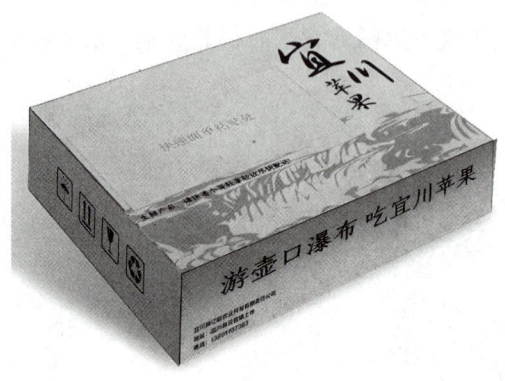

图 4-19 融入农产品产地环境元素的包装设计

 ## 任务实施——分析农产品品牌标志

任务背景

"新疆品质"区域公共品牌是由政府推动、服务全疆的惠民工程，涉及果蔬作物、大田作物、中药材、畜禽养殖、食品加工等。通过"新疆品质"区域公共品牌建设，可以把品牌与区域联系在一起，利用新疆天然名片，用标准牵引质量提升，赋予产品核心竞争力，打造新疆特有的"金字招牌"。图 4-20 为"新疆品质"区域公共品牌标志。

分析农产品品牌标志

图 4-20 "新疆品质"区域公共品牌标志

任务内容

（1）全班学生以 3～5 人为一组进行分组，各组选出组长。以小组为单位，组内成员分工协作。

（2）在网上搜集"新疆品质"区域公共品牌标志的相关资料。例如，"新疆品质"区域公共品牌标志的立意为"天地物华，尽在新疆"。

（3）分析"新疆品质"区域公共品牌标志的构成元素、文字设计及色彩构成，具体如表 4-1 所示。

表 4-1　"新疆品质"区域公共品牌标志的构成元素、文字设计及色彩构成分析

分析要点	分析内容
构成元素	标志的基本图形采用圆形徽标，核心主题为经过专门设计的"新疆品质"。标志集合了中国传统环形纹图案、新疆特有地理景色与农牧、绿色物产与人文特色等丰富元素，强化了中国传统文化与地域文化的认同。 其中，巍峨的博格达峰代表高度与态度；广袤的草原和田野象征富饶、厚重与博大的胸怀；蜿蜒流淌的塔里木河代表渊源与生命不息；新疆杨、葡萄与啤酒花形象寓意新疆特产物华天宝、臻美之选；钱币制造的立体雕版风格象征新疆品质的精良、精致和不可复制……
文字设计	标志的文字部分为经过专门设计的"新疆品质"。其中，"质"字基底是豪迈前进的"人"，象征以人为本、注重品控
色彩构成	标志的色彩采用绿、金两个主色系，绿色象征优良的生态，金色象征珍贵的价值，通过细腻丰富的色彩变化立体展现新疆的至纯、臻美

拓展阅读

物联网技术助力农产品质量安全管控

稻菽飘香，田野里处处是"丰"景，大米加工厂个个透着繁忙，呈现出一派丰年美景。在中国优质稻米之乡——黑龙江省五常市，253 万亩水稻几近收割完毕，田野里随处可见晾晒水稻的画面，更能听见大米加工厂机器马不停蹄的轰鸣之声。

五常大米新米上市，电商平台、直播平台上的买家争相"尝鲜"，引发销售热潮。数据显示，2024 年，某电商平台"双十一"活动期间，五常大米新米销量较去年同期增长 124%，消费者对新米的需求持续高涨。

作为国家地理标志保护产品，五常大米以品质上乘、口感醇香备受消费者青睐，但也成为以"搭便车""蹭名牌"等不正当手段谋取利益的对象，严重影响了五常大米的品牌信誉度。

2015 年，五常市委、市政府投入 3 200 万元建成了五常市农业物联网服务中心，通过建设五常大米网和五常大米溯源防伪查询平台，对五常大米实行"三确一检一码"溯源防

伪，实现从地块、水稻播种、田间管理、生产加工到餐桌全程管控、信息反馈和质量追溯，形成完整的五常大米溯源防伪体系。运用溯源防伪技术，将溯源防伪码直接印制在五常大米包装物指定位置，一物一码，经过溯源认证、检验合格后才能激活，有效地保护了五常大米地域品牌。

从加工源头严格把关，生产过程中实时抽样检测，完善质量监管体系，推动农业生产科学化、标准化、品质化，守护百姓"舌尖上的安全"。如今，五常市不断深耕产品质量关，不仅在种上保量，更要在产上保质。正因如此，五常大米不断获得殊荣。在 2024 年国际稻香米品牌大会发布的"世界稻米地理标志（县域）品牌榜（100 强）"中，五常大米以 973 的品牌强度，位列世界第一名，继九年蝉联地标产品大米类全国第一、四年蝉联黑龙江省国际大米节金奖后，再次荣获国际大奖。

3～5 人一组，在网上查找资料并结合上述材料，讨论以下问题。

（1）以五常大米为例，谈谈农产品质量安全管控的重要性。

（2）如何将五常大米的成功经验推广到其他农产品的质量安全管控中？

项目考核

1. 选择题

（1）下列选项中，（　　）不属于农产品质量安全中对安全性的要求。

　　A. 不得销售有农药残留的农产品

　　B. 不得销售未按照国家有关强制性标准规定使用包装材料的农产品

　　C. 生乳中的蛋白质含量需要达到相关标准的要求

　　D. 不得销售含有的重金属不符合农产品质量安全标准的农产品

（2）下列选项中，不属于通过源头治理来管控农产品质量安全的是（　　）。

　　A. 加强产地环境管理　　　　　B. 对农产品进行质量安全认证

　　C. 实施标准化生产　　　　　　D. 科学合理使用农业投入品

（3）（　　）是指由国家标准化管理委员会等相关部门制定，在全国范围内统一适用的标准。

　　A. 国家标准　　　　　　　　　B. 行业标准

　　C. 地方标准　　　　　　　　　D. 企业标准

（4）下列选项中，不属于"三品一标"认证的是（　　）。

　　A. 达标合格农产品认证　　　　B. 绿色食品认证

　　C. 有机产品认证　　　　　　　D. 区域公用品牌认证

（5）农产品质量安全追溯包含（　　）两个方面的内容。

  A．追踪和溯源   B．检验和认证

  C．登记和召回   D．追缴和检查

（6）下列选项中，不属于农产品品牌构成要素的是（　　）。

  A．品牌名称   B．品牌标志

  C．品牌认证   D．品牌象征物

（7）下列关于农产品包装设计原则的说法，错误的是（　　）。

  A．包装应能够保障农产品安全   B．包装应突出农产品特色

  C．包装应绿色环保   D．包装材料越贵越好

2．判断题

（1）农产品质量安全的定义是"农产品质量达到农产品质量安全标准，符合保障人的健康、安全的要求。" （　　）

（2）农产品质量安全标准体系包括国家标准、行业标准、地方标准和企业标准等。

（　　）

（3）绿色、有机、地理标志和达标合格农产品统称"三品一标"。 （　　）

（4）国家农产品质量安全追溯管理信息平台只向政府部门提供农产品质量安全追溯服务。 （　　）

（5）农产品品牌就是农产品的商标。 （　　）

（6）简洁明了的农产品品牌名称更便于消费者记忆和传播。 （　　）

（7）绿色环保是农产品包装最基本的设计原则。 （　　）

（8）在设计农产品包装时，可以融入与农产品相关的特色元素，如产地环境、文化内涵等。 （　　）

3．简答题

（1）对于农产品生产经营者来说，管控农产品质量安全的方法有哪些？

（2）农产品质量安全认证是什么？

（3）简述农产品品牌的命名方法。

（4）简述农产品包装的设计原则。

项目评价

全班学生每 3～5 人为一组，各组成员结合课前、课中和课后的学习情况，以及项目考核情况，按照表 4-2 的评价标准对本项目的学习成果进行自评和互评（组内成员互相打分），并请指导教师进行师评及总评。

表 4-2　项目评价

评价项目	评价内容	评价分数			
		分值	自评	互评	师评
知识（60%）	农产品质量安全的内涵和管控方法	5分			
	农产品质量安全标准体系的含义和内容	5分			
	农产品质量安全认证的相关内容	10分			
	农产品质量安全追溯的含义和作用，以及农产品质量安全追溯体系的构成	10分			
	农产品品牌的内涵、构成要素和类型	10分			
	农产品品牌的命名原则和命名方法	10分			
	农产品包装的设计原则和设计要点	10分			
技能（20%）	农产品质量安全调查与实践	10分			
	分析农产品品牌标志	10分			
素养（20%）	遵守课堂纪律，具有团队精神	5分			
	具有自主学习意识，做好课前准备	5分			
	积极参与教学活动，善于思考提问，勇于探索创新	5分			
	细致认真，出色完成任务实施及项目考核	5分			
合计		100分			
总评	综合得分：_____　综合等级：_____	指导教师签字：_____			
总结提高	最突出的表现（优点或进步）： 还需改进的地方（缺点或不足）：				

说明：综合得分=自评（25%）+互评（25%）+师评（50%）；综合等级以"优"（综合得分≥90分）、"良"（80分≤综合得分<90分）、"中"（60分≤综合得分<80分）、"差"（综合得分<60分）为标准进行评价。

项目五

农产品网络营销

项目导读

当前，我国互联网蓬勃发展，为开展网络营销提供了良好的基础。对于农产品电子商务商家来说，借助网络营销可以迅速扩大品牌和农产品的知名度，吸引更多的潜在消费者。同时，网络营销也带来了诸多挑战，让市场竞争变得更加激烈。因此，如何有效地开展网络营销，成为农产品电子商务商家需要思考的重要问题。

学习目标

知识目标

- 熟悉农产品网络营销的概念和特点。
- 熟悉农产品网络营销的方法和工具。
- 熟悉农产品电商平台营销的概念和方法。
- 熟悉农产品直播营销的概念、优势和基本流程。
- 熟悉农产品短视频营销的概念、要点和基本流程。

能力目标

- 能够为农产品选择合适的网络营销方法和工具。
- 能够规划和设计农产品直播营销活动。

素质目标

- 密切关注行业动态与政策动向，帮助自身建立清晰的职业认知。
- 紧跟时代发展步伐，不断增强创新意识，积极适应社会发展需要。

案例导入

"褚橙"——一颗具有互联网基因的橙子

"褚橙"（见图 5-1）是传奇企业家褚时健 75 岁时再创业的成果，如果抛开褚老的励志人生经历不谈，它就是一个普通的橙子品牌。但是，在本来生活网的营销下，这个普通的橙子品牌却摇身一变成为了"网络明星"，并且其产品以难以想象的速度行销全国，被业内誉为"一颗具有互联网基因的橙子"。

图 5-1　褚橙

本来生活网是一个食品网购平台，它的创始人来自传统媒体，挖掘品牌内涵和讲故事是其强项。在为"褚橙"进行网络营销时，本来生活网巧妙地将"褚橙"的品牌形象与褚老百折不挠的企业家精神联系起来，讲述褚老创业故事的同时把"褚橙"的营销信息传播出去。

为此，本来生活网运用了多样化的网络营销手段：首先在传统媒体（如报纸和电视）上爆出"褚橙进京"的新闻，并让网络门户网站跟进报道；随后在微博、博客和微信公众号上发布大量评论及软文，详细地介绍了"褚橙"背后的故事；最后再借助微博名人账号进行转发传播，引起社交媒体用户的广泛关注。

"褚橙"的网络营销非常成功。本来生活网官方微博关于"褚橙"的博文一经发布，当天就获得了七千多次转发和数以万计的点赞。到了第 2 天，多名知名企业家自发地对这条博文进行点赞、评论和转发，这些举动彻底引爆了"褚橙"话题。一时间，大家都在问："'褚橙'是什么？"

"褚橙"一举成名后，本来生活网又适时推出了免费尝鲜的活动，向目标用户赠送"褚橙"。这些目标用户品尝过"褚橙"后非常满意，不仅自己主动下单，还积极推荐给周围的人。于是，在情感催化和口碑效应的双重作用下，本来生活网上购买"褚橙"的订单纷至沓来。

❓ 请思考：

本来生活网在推销"褚橙"时，采用了哪些网络营销方法和工具？

任务一　认识农产品网络营销

 任务导入

　　随着互联网的普及和电子商务的发展，传统的市场营销已经难以满足日益多样化的市场需求，而网络营销的出现为农产品营销带来了新的机遇和挑战。

　　本任务首先介绍农产品网络营销的基础知识，然后通过为农产品选择合适的网络营销方法和工具，来更为直观地认识农产品网络营销。

一、农产品网络营销的概念

　　农产品网络营销是指以互联网为主要手段，围绕消费者开展的一系列关于农产品的市场营销活动，也称农产品互联网营销、农产品网上营销等。

　　农产品网络营销的覆盖范围很广泛，包括农产品品牌推广、农产品网站推广、农产品信息发布、农产品销售促进、农产品网上销售、农产品客户服务、农产品网上调研等。

知识链接

　　很多人将网络营销与电子商务画上了等号，实际上网络营销与电子商务之间既有着紧密的联系，又有着明显的区别。

　　网络营销是市场营销战略的组成部分，无论是传统企业还是基于互联网开展业务的企业都需要网络营销；而电子商务主要是指交易方式的电子化，强调的是交易方式和交易过程的各个环节。

　　网络营销是电子商务的基础，一个企业在没有开展电子商务之前，同样可以开展不同层次的网络营销活动。

二、农产品网络营销的特点

　　与传统的农产品市场营销相比，农产品网络营销具有跨时空性、交互性、人性化、经济性、整合性等特点。

（一）跨时空性

　　网络营销打破了传统市场营销中时空的限制，为农产品销售提供了更广泛的渠道，创造了更好的条件。农产品电子商务商家可以在任意时间针对任意地方的消费者开展网络营销活动。

（二）交互性

在传统的农产品市场营销中，营销信息是单向推送的，而在农产品网络营销中，农产品电子商务商家可以与消费者实时互动，信息是双向传递的。通过这种双向传递，农产品电子商务商家可以及时了解消费者需求，并采取相应的策略更好地满足消费者需求，提高消费者的满意度。

（三）人性化

随着互联网的深入发展，农产品消费市场已经由以商家为主导转变成以消费者为主导。与传统的农产品市场营销相比，农产品网络营销更能体现消费者的中心地位，满足消费者的个性化需求，为消费者提供更好的购物体验。

（四）经济性

农产品网络营销具有很高的性价比：一方面，农产品网络营销主要借助网络平台开展，相较于传统市场营销，商家在基础设施建设上的投入较少，可以降低成本；另一方面，农产品网络营销将商家和消费者直接联系起来，减少了中间环节，降低了农产品的销售成本，能够给消费者带来更多实惠。

（五）整合性

农产品网络营销的整合性表现在两个方面：一方面，农产品网络营销贯穿农产品网上经营的整个流程，包括农产品信息发布、销售渠道选择、物流配送等；另一方面，同时采用多种网络营销工具或方法可以达到共同的营销目的。例如，农产品电子商务商家可以同时在电商平台、社交平台上开展营销活动而不会产生冲突。

三、农产品网络营销的方法

对于农产品来说，常用的网络营销方法有网络广告营销、事件营销、饥饿营销、情感营销、口碑营销等。

（一）网络广告营销

网络广告营销是指以互联网为传播媒介，将商家或产品的营销信息以文字、图片、音频、视频等形式传播给消费者，从而提高商家或产品的知名度，促进产品销售。网络广告通常由专人设计、制作并在网上发布，具有交互性强、覆盖面广、成本较低、效果易评估

等优点。例如，在浏览器中搜索"西红柿"产品，会出现相关的图文广告，如图 5-2 所示。

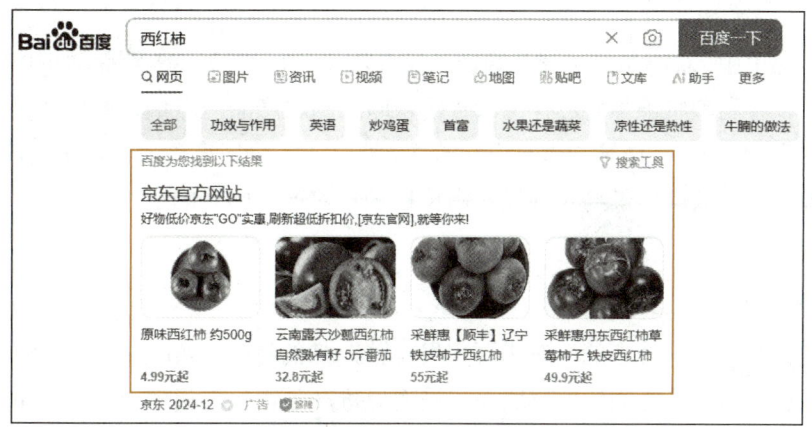

图 5-2　与西红柿产品相关的图文广告

小提示

　　在互联网发展早期，网络广告主要依托于网站，特别是流量较大的综合性网站，如新浪网、搜狐网等，并且形式多为文字广告或图片广告，之后又陆续出现了搜索引擎广告、动画广告、视频广告等。如今，随着移动互联网技术的飞速发展，社交媒体广告、短视频广告、直播广告等新的广告形式不断涌现。

（二）事件营销

　　事件营销是指通过策划或利用具有名人效应、新闻价值及社会影响的热点事件来引起消费者等的关注，从而提高商家或产品的知名度和美誉度，并最终达到产品销售目的。例如，农产品品牌"褚橙"通过打造其创始人的励志故事来开展网络营销，赢得了市场的热烈反响，进而实现了产品销量的显著增长。

小提示

　　农产品电子商务商家在进行事件营销时，应明确事件营销与恶意炒作的区别，所选热点事件应顺应主流的价值观、符合相关的法律法规，否则将会带来严重的负面影响。

（三）饥饿营销

　　饥饿营销是指通过控制产品供给量来制造产品供不应求的"假象"，以此来激发消费者较为强烈的购买欲望，从而达到维持产品较高售价、获取较高收益、维护品牌形象

等目的。需要注意的是，饥饿营销的前提是产品具有独特的优势且短期内无法被竞争对手模仿。

在实际应用中，农产品电子商务商家通常会对一些区域特色农产品（如阳澄湖大闸蟹、猫山王榴莲、智利车厘子等）进行饥饿营销，即控制农产品的产量、供给时间、供给范围等，并以品质、特色、区域等为卖点引起消费者的关注，同时营造农产品供不应求的气氛，刺激消费者的购买欲望，最终实现以较高价格销售农产品的目的。

（四）情感营销

情感营销是指从消费者的情感需要出发定位产品的特性，唤起并满足消费者的情感需求，加强消费者与产品之间的情感联系，进而促进产品销售。相较于其他产品，农产品往往自带情感价值，如"土特产"中的"土"字就是立足乡土之情，因此情感营销在农产品网络营销中比较常见。

例如，某知名坚果品牌通过推出周年品牌纪念电影的方式进行情感营销，影片直击当下消费者面临的痛点问题，引发消费者的共鸣，以此来向消费者展示温暖、贴心的品牌形象。

 案例阅读

从"禁止蕉绿"发现农产品情感营销

香蕉，这一原本随处可见的水果，在 2024 年夏天却因谐音梗"禁止蕉绿"火遍了年轻人的办公桌。养一株悬挂"禁止蕉绿"卡片的带杆香蕉，待其由绿变黄成熟后吃掉，寓意吃掉焦虑。虽然只是玩个热梗、讨个口彩，却能让职场人获得积极的心理暗示，在现代社会快节奏的工作和生活中完成心理慰藉，达到精神自洽。

事实上，"蕉绿"并非新培育出来的水果品种，而是带杆的苹果蕉或小米蕉。尚未成熟的香蕉通体呈现绿色，放在水里接续养分，10～15 天就能熟透食用。当"蕉绿"逐渐演变为焦虑的代名词，香蕉这一普通的农产品被赋予了全新的文化内涵和情感价值，引发了消费者的共鸣和购买欲望。

在线下，"禁止蕉绿"一度脱销，在线上，"禁止蕉绿"更是成了销量密码。某电商平台数据显示，2024 年 4 月中旬平台"禁止蕉绿"搜索量周环比上涨 70%、订单量上涨约 30%，上海、北京、杭州、苏州、宁波等国内一线、新一线城市成了"禁止蕉绿"的热销地。

和"禁止蕉绿"一起火起来的，还有返乡创业的林某。从互联网公司辞职后，林某回到家乡投身水果电商生意。一个偶然的契机让林某开始挖掘"蕉绿"市场。"很多粉丝在直播间下单香蕉时，要求带杆发货，问了才知道是买回去做水培。"后来，

要求带杆发货的人越来越多，林某干脆做了一批带杆的香蕉并用泡沫箱发货，"试发了一批之后，反馈非常好，这让我们看到了商机。"

如何趁热打铁，将带杆的香蕉变为热销品？林某发现年轻人喜欢在互联网上玩梗，于是他将谐音梗和香蕉相结合，给香蕉赋予了诸如"蕉友，不焦虑""禁止蕉绿""蕉个朋友"等新名字。

"禁止蕉绿"的火爆程度超出了林某的想象，"订单量平均每天在 1 万单左右，最火的时候一天能有 1.5 万单，一天能卖出 5 万千克左右，最忙的时候，一天只休息 5 个小时，打单机都要冒烟了。"

（资料来源：丁乐坤、侯雅洁，《从"禁止蕉绿"发现农产品情绪价值营销》，《农民日报》2024 年 7 月 12 日）

案例解析：

"禁止蕉绿"的爆火，正是情感营销与农产品相遇后碰撞出的火花。在情绪经济逐渐升温的背景下，如何更精准地捕捉消费者的情绪，读懂消费者更深层次的情感需求，正日益成为农产品营销的必修课。

（五）口碑营销

口碑营销是指通过各种有效手段，如举办品牌活动、在社交平台上创建讨论话题等，引发消费者对产品的讨论，并激励消费者向周围人群介绍和推荐产品。随着移动互联网的普及，特别是社交平台的发展，口碑营销的力量得到了放大，因而受到了很多商家的青睐。口碑营销不同于其他营销方法，它更注重产品本身的质量、消费者的满意度，以及消费者的真实口碑传播。

要开展口碑营销，农产品电子商务商家应该注重农产品的品质，打造良好的品牌形象，并与消费者建立长期、稳定、良好的关系，此外还要做好负面口碑的控制及管理工作。

四、农产品网络营销的工具

对于农产品来说，常用的网络营销工具包括电商平台、直播与短视频平台、社交平台、搜索引擎等，具体如表 5-1 所示。

表 5-1 常用的农产品网络营销工具

类 型	特 点	示 例
电商平台	市场覆盖范围比较广，能够整合各方资源，为商家提供比较专业的营销服务	惠农网、淘宝网、拼多多、京东商城等
直播与短视频平台	一种比较新颖的营销工具，能够根据用户偏好，为用户推荐相应的直播和短视频	抖音、快手、西瓜视频等

表 5-1（续）

类　型	特　点	示　例
社交平台	用户规模庞大，能够让商家和消费者之间的联系更加紧密	微信、微博等
搜索引擎	用户覆盖范围比较广，方便对用户行为进行分析，以实现营销信息的精准投放	百度、360 搜索、Microsoft Bing 等

　　农产品电子商务商家在开展网络营销时，可以根据自身情况和网络营销目的，选择合适的一种或几种网络营销工具。

 ## 任务实施——为农产品选择合适的网络营销方法和工具

任务背景

　　四川省阿坝藏族羌族自治州小金县地处平均海拔近 3 000 米的高山之中，自然环境优越。一次偶然的机会，时任小金县冒水村村委会主任的陈某萌生了带领村民种植玫瑰的想法，在克服重重困难之后，玫瑰终于成为小金县有优势的经济作物，并且具备了一定的生产规模，小金县也因此被誉为"世界高原玫瑰之乡"。

　　独一无二的地理优势造就了小金县玫瑰（见图 5-3）的卓越品质，由于使用雪山清泉浇灌，并施用天然农家肥料，开出来的玫瑰花不仅香味纯正、花期长、花朵硕大、出油率高，而且无农药残留。

图 5-3　小金县的玫瑰

　　如今，小金县玫瑰的系列产品有 40 多个，玫瑰纯露、精油、面膜、玫瑰花冠茶……应有尽有，产品不仅销往全国各地，还走出了国门。致富带头人陈某也被人们亲切地称为"玫瑰姐姐"，并且获得了"全国三八红旗手""全国优秀共产党员"等荣誉称号。2022 年 8 月，"玫瑰姐姐"陈某在抖音平台注册了账号，标志着小金县玫瑰走上了网络营销的道路。

任务内容

（1）全班学生以 3～5 人为一组进行分组，各组选出组长。以小组为单位，组内成员分工协作。

（2）在网上搜集小金县玫瑰的相关资料。

（3）选择网络营销方法。结合任务背景及网上搜集的资料，为小金县玫瑰开展网络营销选择合适的方法，并填写表 5-2。

表 5-2　选择网络营销方法

方　法	相关资料	具体内容
事件营销	示例：2024 年，电视剧《玫瑰的故事》在各大平台热播，收获了观众的热烈反响，剧中女主人公"玫瑰"展现了追求自我、勇于逐梦的形象	示例：在对小金县玫瑰进行网络营销时，与热播电视剧《玫瑰的故事》相结合，通过讲述现实版"玫瑰姐姐"陈某带领村民们种植玫瑰的故事，与剧中塑造的女主人公形象相呼应，以此来提升小金县玫瑰的知名度
网络广告营销	示例：小金县玫瑰由于使用雪山清泉浇灌，并施用天然农家肥料，开出来的玫瑰花不仅香味纯正、花期长、花朵硕大、出油率高，而且无农药残留	示例：在网络广告中展示小金县玫瑰的生长环境，突出其香味纯正、花期长、无农药残留等卖点，打造绿色、健康、高品质的品牌形象

（4）选择网络营销工具。结合任务背景及网上搜集的资料，为小金县玫瑰开展网络营销选择合适的工具，并填写表 5-3。

表 5-3　选择网络营销工具

工　具	具体内容
抖音	示例："玫瑰姐姐"陈某可以定期在自己的抖音账号上发布有关小金县玫瑰种植、采摘、加工等的短视频，吸引用户的关注
微博	示例："玫瑰姐姐"陈某可以在微博平台上注册账号，发布有关小金县玫瑰及其产品（如精油、面膜）的图文广告，展示小金县玫瑰及其产品的独特之处

任务二 了解农产品网络营销的方式

 任务导入

如今，电商平台营销、直播营销和短视频营销是农产品电子商务商家开展网络营销的重要方式。

本任务首先介绍农产品电商平台营销、农产品直播营销、农产品短视频营销的相关知识，然后通过规划和设计农产品直播营销活动，来加深对农产品直播营销的认识。

一、农产品电商平台营销

（一）农产品电商平台营销的概念

农产品电商平台营销是指利用电商平台对农产品进行展示、推广和销售，以达到提高农产品销量目的的营销方式。

农产品电商平台营销是农产品电子商务商家开展网络营销的重要方式。这种营销方式的核心在于电商平台本身，电商平台通过整合各方资源，并发挥自己在信息收集及处理方面的优势，能够为农产品电子商务商家提供专业的营销服务。消费者通过电商平台可以轻松获取农产品的详细信息，然后根据需求筛选出符合自己期望的农产品。

💡 **小提示**

电商平台分为自建平台和第三方平台两种类型，此处所讲的农产品电商平台营销主要针对第三方平台。

（二）农产品电商平台营销的方法

电商平台上往往聚集着大量的农产品店铺，竞争非常激烈。如何从众多店铺和产品中脱颖而出，引起消费者的注意，是农产品电子商务商家在开展电商平台营销时需要重点考虑的问题。

1. 开展有效的促销活动

开展促销活动是电商平台营销最常用的方法，它不仅可以促进产品销量的迅速增长，而且可以为店铺聚集大量的人气，进而提高品牌和产品知名度。农产品电子商务商家可以在店铺中开展限时折扣、特价促销、新客优惠、抽奖活动等促销活动，或者参加电商平台推出的促销活动，如满减活动、补贴活动等（见图5-4），吸引消费者购买。

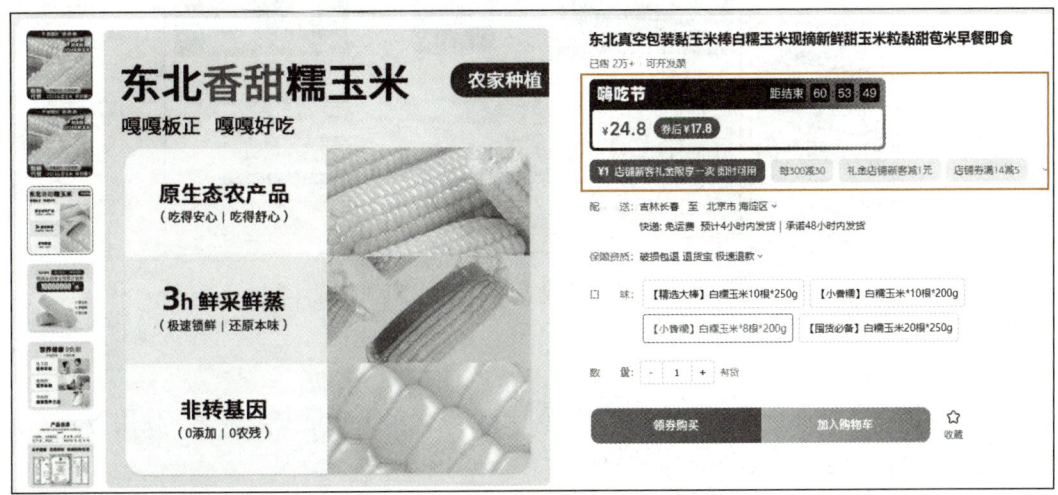

图 5-4　开展促销活动

2. 提升农产品的搜索排名

在电商平台上，搜索排名会直接影响产品的曝光度，因此提升农产品搜索排名对于农产品电子商务商家来说也是至关重要的一种营销方法。农产品电子商务商家可以从以下两个方面出发提升农产品的搜索排名。

（1）优化关键词。在电商平台上，消费者往往通过搜索关键词来查找自己所需的农产品。因此，在设置农产品标题和描述时，农产品电子商务商家可以选择高搜索量的、从消费者角度描述的、突出农产品卖点的关键词。例如，对于水果和蔬菜类农产品来说，可以选择"新鲜""当季""正宗"及产地信息等关键词，以此来提高农产品被搜索到的概率。

（2）合理利用平台付费推广服务。农产品电子商务商家可以利用电商平台提供的付费推广服务，如淘宝网的淘宝直通车、京东商城的搜索快车、拼多多的多多进宝等，实现农产品的精准营销，从而提高农产品的曝光度和销量。例如，在京东商城搜索关键词"食用油"时，京东商城会根据搜索关键词在搜索结果的左侧显示相关广告（商品旁边标注"广告"字样），如图5-5所示。

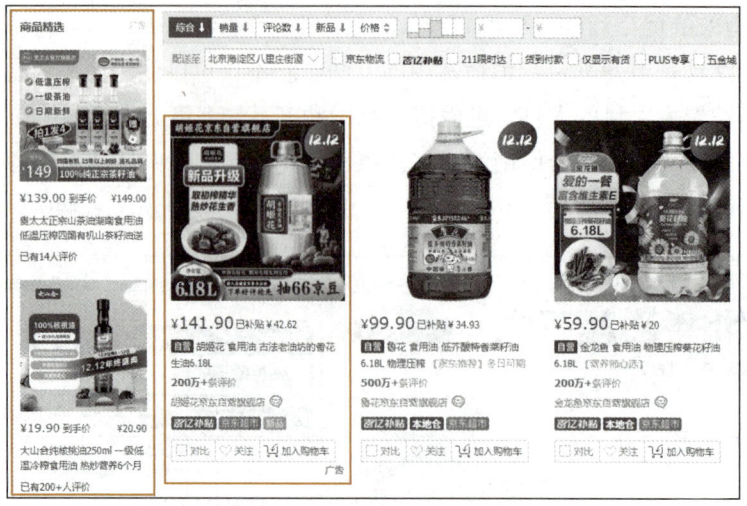

图 5-5　京东商城根据搜索关键词显示的广告

3．优化商品详情页

商品详情页主要用于展示农产品的外观、特点、优势、质量安全认证、使用方式、促销方式等信息，便于消费者全面了解农产品。

农产品电子商务商家可以从以下几个方面出发优化商品详情页：① 使用"文字+图片+视频"的形式，全方位、立体地展示农产品；② 使用高质量、有吸引力的农产品图片和视频；③ 对农产品的描述应尽量详细、通俗易懂，重点突出农产品的卖点；④ 使用数据体现农产品的优势等。

例如，某品牌大米产品在商品详情页中以文字、图片和视频的形式对产品进行全方位的介绍，同时展示产品质量检测报告，以此来赢得消费者的信任，如图 5-6 所示。

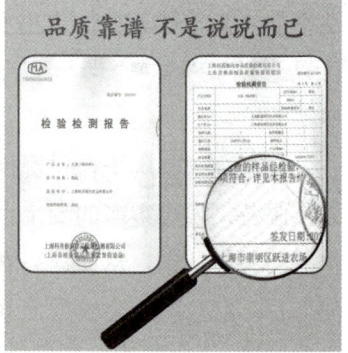

图 5-6　某品牌大米产品的商品详情页（部分）

 课堂讨论

请同学们讨论一下，农产品电子商务商家还可以对商品详情页进行哪些优化？

4. 打造良好的店铺形象

在电商平台上，店铺形象直接关系到店铺的流量及转化率。通常情况下，电商平台会综合店铺的实际情况及消费者的评价，从消费者体验、产品品质、物流、售后等方面对店铺进行评分（见图 5-7），方便消费者在购买时进行参考。

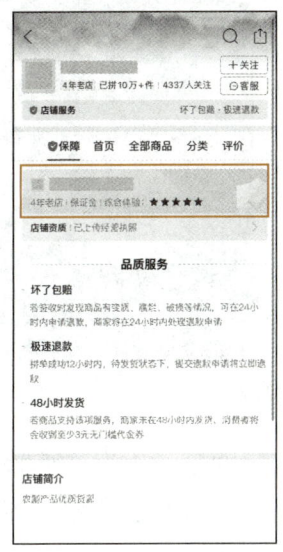 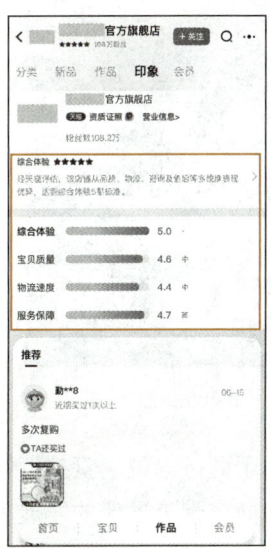

图 5-7　不同电商平台对店铺的评分情况

农产品电子商务商家可以通过优化店铺装修、提供优质的农产品、提供个性化服务、提高物流速度、建立完善的售后服务体系等方式来打造店铺形象，提高店铺声誉，进而提高消费者的满意度和忠诚度。

二、农产品直播营销

中国互联网络信息中心（CNNIC）发布的第 54 次《中国互联网络发展状况统计报告》显示，截至 2024 年 6 月，我国网络直播用户规模达 7.77 亿人，占网民整体的 70.6%。以直播为载体的营销已成为各行各业中重要的网络营销方式，农产品当然也不例外。

"网红"农产品如何
"长红"

（一）农产品直播营销的概念

农产品直播营销是指以直播形式开展营销活动，以达到提升农产品品牌影响力、提高

农产品销量等目的的营销方式，如图 5-8 所示。农产品直播营销将"农产品"与"直播营销"相结合，主播通过推荐农产品、分享农产品的相关知识、与消费者进行互动等，来更好地满足消费者的需求，刺激消费者的购买欲望。

图 5-8 农产品直播

对于农产品电子商务来说，直播营销凭借其强大的吸引力为该行业注入了新的活力，给农产品电子商务商家带来了新的发展机遇，因此受到越来越多商家的青睐，并逐渐成为商家营销工作的重点。

课堂讨论

同学们有过在直播间购买农产品的经历吗？你最大的感受是什么？

（二）农产品直播营销的优势

具体来说，农产品直播营销具有以下几个方面的显著优势。

1. 更实时的营销互动

农产品直播营销具有很强的实时互动性，主播将农产品呈现给消费者的同时，消费者也可以通过弹幕与主播互动，参与到直播营销活动中。这样不仅可以调动直播间的氛围，还可以增强消费者的参与感，实现主播与消费者、消费者与消费者之间的深度互动。

2. 更真实的营销内容

从传播的内容来看，直播具有区别于文字、图片、视频等传播方式的显著优势，其中最主要的就是内容的真实性。在直播营销活动中，主播不仅可以全方位地展示农产品，让

消费者直观地感受到农产品的品质，还可以展示农产品的生长环境、加工过程等，从而获取消费者的信任。

3. 更直观的营销效果

从消费者的角度来看，在直播间，主播对农产品的现场展示及多人争相下单购买的氛围，很容易刺激他们直接下单购买。从直播团队的角度来看，工作人员可以看到直播间农产品销售的实时数据，而且通过弹幕可以直观地看到直播间观众对直播内容的反馈，有助于直播团队在后续的直播中调整和优化直播内容，从而获得更好的营销效果。

4. 更低廉的营销成本

无论是传统的营销广告还是电商平台首页广告，营销成本都相对较高。而直播营销对场地、设备、人员、物料等的需求都比较少，甚至只要一部手机就可以将产品呈现在消费者眼前。因此，直播营销是成本比较低廉的营销方式，这点对于农产品电子商务商家来说尤为重要。

 小提示

2021 年 4 月 23 日，国家互联网信息办公室、公安部、商务部、文化和旅游部、国家税务总局、国家市场监督管理总局、国家广播电视总局等七部门联合发布了《网络直播营销管理办法（试行）》（以下简称《办法》），自 2021 年 5 月 25 日起实施。

《办法》的出台，旨在规范网络市场秩序，维护人民群众合法权益，促进新业态健康有序发展，营造清朗网络空间。《办法》强调，直播间运营者、直播营销人员在从事网络直播营销活动时，应当遵守法律法规和国家有关规定，遵循社会公序良俗，真实、准确、全面地发布商品或服务信息。

（三）农产品直播营销的基本流程

农产品直播营销的基本流程主要包括以下 6 个步骤，农产品电子商务商家需要对每个步骤进行精心规划与设计，以确保整个直播营销活动能够顺利进行。

1. 明确农产品直播营销目的

在开展农产品直播营销活动前，农产品电子商务商家首先需要明确营销目的，如促进农产品销售、宣传农产品品牌、提高店铺知名度、积累粉丝等，从而指导及规划整个农产品直播营销活动，便于评估活动是否达到预期目标。

让芒果走出大山

2. 确定农产品直播营销方案

农产品直播营销方案主要用于内部沟通，目的是让参与直播的人员熟悉直播营销活动的流程和分工。通常，一个完整的农产品直播营销方案包含直播目的、直播简述、人员分工、时间节点和预算控制 5 个要点，并且内容要简明扼要。

3. 打造直播间并组建直播团队

为确保农产品直播营销活动的顺利进行，需要对直播间进行打造并组建高效的直播团队。其中，直播间的打造工作主要包括以下几点：① 选择合适的直播场地，如农产品产地（见图5-9）、农产品加工车间、专业的直播间等；② 根据需要搭建直播间场景，如使用农产品布置直播间（见图5-10）；③ 提前调试好直播需要用到的各种设备，如手机、补光灯、麦克风等；④ 对直播网站、直播软件、网络等进行设置与反复调试，避免由于操作不熟练或软件自身问题而在直播过程中出现失误。

图5-9　将农产品产地作为直播场地　　　　图5-10　使用农产品布置直播间

通常情况下，小型农产品直播营销活动只需要一个主播和一个技术支持人员即可，而大型或专业的农产品直播营销活动则需要一个完整的直播团队来确保直播的顺利进行。一个完整的直播团队主要包括主播、副播、助理、策划、场控、客服等。需要注意的是，直播团队成员之间需要密切协作，确保各个环节的顺畅衔接。

4. 做好农产品直播宣传规划

为达到良好的直播营销效果，直播团队需要在农产品直播营销活动开始前做好直播宣传规划。与娱乐类直播不同，带有营销性质的农产品直播追求的并不是简单的"在线观看人数"，而是"目标消费者在线观看人数"，因此直播团队在进行直播宣传规划时要注意尽可能多地吸引目标消费者前来观看。

5. 实施农产品直播活动

做好农产品直播前的一系列筹备工作后，接下来就可以正式开始直播了。为了达到预设的营销目标，主播及现场工作人员要尽可能按照农产品直播营销方案，顺畅地推进直播开场、直播互动、直播收尾等环节。其中，各个执行环节的操作要点如表5-4所示。

表 5-4　农产品直播活动实施各个执行环节的操作要点

执行环节	操作要点
直播开场	通过开场互动让观众了解本场直播的主题、内容等信息，以激发观众对本场直播的兴趣
直播互动	通过直播营销话术、弹幕互动、才艺表演等方式，进一步提升观众对本场直播的兴趣，让观众长时间停留在直播间，并产生购买行为
直播收尾	向观众表示感谢，预告下场直播的内容，并引导观众关注直播间

6. 复盘农产品直播

农产品直播活动结束后，直播团队需要对整场农产品直播营销活动进行复盘，一方面进行直播数据统计与分析，包括直播商品数据、观众画像数据、流量数据、互动数据、转化数据等，并评估直播营销效果是否达到预期目标；另一方面组织团队讨论、总结本次农产品直播营销活动的经验和教训，为后续开展农产品直播营销活动提供参考。

 案例阅读

大学生化身"新农人"，直播助农卖蜂蜜

对蜂农来说，七月已经是售卖蜂蜜的时节。2024 年 7 月，来自广东某大学的"百千万工程"（百县千镇万村高质量发展工程）突击队"塘坪新农团队"第三次来到广东省阳江市塘坪镇，开展"直播助蜂农"实践活动。

塘坪镇的特色农产品之一便是"土蜂蜜"，由本地中华蜂所产，这种蜂俗称"土蜂"，是我国独有的蜜蜂品种。当地蜂农颜某介绍，"土蜂"能利用零星蜜源植物采集蜂蜜，采蜜期长，抗螨抗病能力强，不需要人工喂养，保证了蜂蜜的纯天然性。大学生们此行的目的，便是帮蜂农把蜂蜜卖出去。

2023 年 7 月，这支大学生团队第一次踏入塘坪镇。经过一系列访谈及实地考察，他们了解到当地蜂蜜产业为政府扶持的新型特色农产品产业，但因缺少网络营销手段等问题，未能形成较大规模的生产及销售。当地蜂农颜某表示，他养蜂将近十年了，但是塘坪镇蜂蜜仍以线下售卖为主，依靠熟人网络关系销售，所以产量和销量都十分有限。

面对塘坪镇蜂蜜产业的发展困境，大学生实践团队形成了解困共识：加强产品宣传、利用电商直播拓展"土蜂蜜"的销路。尽管蜂农们对直播带货的概念尚为陌生，但这毫不影响他们热烈欢迎这群大学生带来的新方法。蜂农们热切期望这些新方法能让"土蜂蜜"走出塘坪镇，打响当地特色农产品的名号。

为确保直播的正常进行，实践团队事先在指导老师的带领下，前往某电子商务有限公司的直播基地参观学习。直播前，团队认真准备了直播脚本，筹备好直播会场。

在直播过程中，团队成员同心协力、多管齐下，除了详细介绍蜂蜜产品的特点、优势，还通过才艺展示等有趣的互动形式吸引观众，如图 5-11 所示。作为塘坪镇"直播助农"的先行者，团队实现了零的突破，卖出了通过电商渠道销售的第一批蜂蜜。

图 5-11　"塘坪新农团队"开展直播营销活动

蜂蜜工厂基地、人才驿站……都是"塘坪新农团队"的直播间，也是团队宣传乡村特色的大舞台。2023 年 7 月以来，团队陆陆续续开展了多场直播活动，累计直播六百多分钟，直播观看人数在最高峰时接近 500 人。

在日常宣传方面，团队为"土蜂蜜"拍摄并制作了宣传片、产品图等，这些素材不仅用于在短视频平台上进行推广，而且在"土蜂蜜"线下展销会活动中发挥着吸引消费者的重要作用。

"我也希望未来有更多的青年人能够加入助农队伍当中，无论是对自身成长，或是对社会发展来说，都是非常有好处的。"队长梁某和其他队员们也都期待着，能有源源不断的青年人从校园深入田间地头，将新时代的新发展思想带到老乡身边。

（资料来源：李羡、雷欣燃、唐燕丽，《青春华章丨大学生直播助农卖蜂蜜，他们说助农是一种志向》，澎湃新闻，2024 年 9 月 23 日）

案例解析：

大学生团队通过电商直播拓展了"土蜂蜜"的销路，解决了蜂农的销售难题，将当地特色农产品推向了更广阔的市场。在这一过程中，大学生团队不仅展现了他们的创新精神和实践能力，还以实际行动号召更多青年人加入助农队伍当中，为乡村振兴贡献自己的力量。

三、农产品短视频营销

随着我国移动互联网的快速发展，短视频成为人们获取信息的重要方式。也正因如此，短视频营销也成为农产品电子商务商家开展网络营销的重要方式之一。

打开一扇窗，让优质
农产品被看见

（一）农产品短视频营销的概念

农产品短视频营销是指通过发布具有营销性质的农产品短视频（时长在 5 分钟以内的视频短片，见图 5-12），将农产品信息传递给消费者，达到提升农产品品牌知名度、提高农产品销量等目的的营销方式。

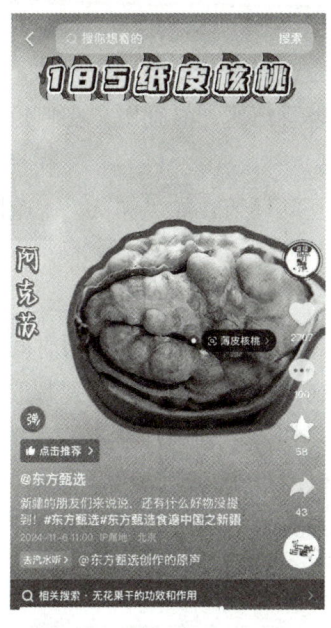

图 5-12　农产品短视频

相较于农产品的其他营销方式，农产品短视频营销具有灵活性强、成本低、传播范围广、信息承载量丰富且集中等特点，方便消费者在碎片时间快速了解短视频所传达的信息，给农产品电子商务商家销售农产品带来了新的机会。特别是当短视频的影响力足够大时，还能够吸引消费者关注和分享，从而迅速提升品牌或农产品的知名度。

（二）农产品短视频营销的要点

农产品电子商务商家在开展短视频营销时，需要注意以下几点。

1. 创作优质内容

短视频营销最重要的是内容，那些"出圈"的短视频正是因为优质的内容，才成功引起消费者的注意，从而实现快速传播。农产品电子商务商家可以从农产品背后的故事、农产品的历史文化、农产品的生长环境、农产品的品质等方面出发，创作优质的短视频内容，让用户在观看短视频的过程中能够有所收获，从而增强短视频的吸引力和传播力。

小提示

如果农产品电子商务商家同时采用了直播营销和短视频营销两种方式，那么可以在直播结束后将直播过程中一些"有趣""温暖"或"有意义"的片段制作成短视频，并发布在短视频平台上，让营销效果最大化。

2. 积极与用户互动

农产品电子商务商家在开展短视频营销时，应积极主动地与用户互动，提高用户活跃度和粉丝黏性。具体的互动形式包括在短视频中设置问题，鼓励用户在评论区回答或通过私信参与互动；回复或点赞用户的评论等。

例如，在展示苹果品质的短视频中可以添加互动环节，如"你认为好吃的苹果是什么口感的？快来评论区分享你的感受吧！"等。

3. 在合适时间段发布短视频

农产品电子商务商家在发布短视频时，应综合考虑短视频平台不同时间段用户的活跃度，尽量在用户活跃度高的时间段发布短视频，这样不仅可以提高短视频的曝光度，获得更高的点击率，而且可以让用户形成固定的观看习惯，增强用户的黏性。

通常情况下，晚上 8 点至 10 点是短视频平台用户比较活跃的时间段，农产品电子商务商家可以选择在该时间段发布短视频，最大限度地提高短视频的曝光度。

小提示

农产品电子商务商家在开展短视频营销时，可以选择与 KOL（key opinion leader）合作。KOL 是指拥有一定数量的粉丝，并且在特定领域或行业内具有一定影响力和话语权的人。在网络营销领域，与 KOL 合作的方式广泛用于品牌推广、产品宣传等营销活动。

农产品电子商务商家可以借助 KOL 在目标消费者中的影响力和话语权，提高品牌曝光度并扩大受众覆盖面，从而提高品牌知名度和美誉度。例如，网络达人通常具有出色的内容创作能力和庞大的粉丝群体，农产品电子商务商家可以与他们合作，通过剧情植入、台词植入、道具植入等方式将农产品与短视频内容相结合，从而达到营销目的。

需要注意的是，农产品电子商务商家在选择 KOL 时，一定要保证其与自身品牌及产品的风格、特点、目标消费者的兴趣等相符合。

（三）农产品短视频营销的基本流程

农产品短视频营销的基本流程主要包括以下 5 个步骤。

1. 确定农产品短视频营销的目标

农产品电子商务商家需要结合整体的营销目标，在分析目标市场状况、目标消费者特

点及竞争对手情况等的基础上确定农产品短视频营销的目标。

2. 策划农产品短视频内容

在确定短视频营销目标后，农产品电子商务商家需要策划短视频的具体内容，包括主题风格、内容设计、视频时长、脚本设计等。这一环节也是农产品短视频营销的核心环节。

3. 拍摄并剪辑农产品短视频

在拍摄短视频时，农产品电子商务商家需要准备合适的拍摄设备，按照前期策划内容，将预想的画面拍摄出来。在后期剪辑处理时，农产品电子商务商家需要充分了解短视频用户的喜好，合理剪辑视频，并搭配字幕、特效和背景音乐等，以制作出用户喜欢观看的短视频。这一环节也是农产品短视频营销的重要环节，它决定了短视频最终的呈现效果。

知识链接

常用的短视频拍摄设备有手机、相机、摄像机和无人机 4 种（见表 5-5），农产品电子商务商家可以根据创作需求和自身情况进行选择。

表 5-5　常用的短视频拍摄设备

设备类型	说　明
手机	手机是最常见、使用频率最高的短视频拍摄设备之一，其优点是轻便灵活、便于携带、操作简单
相机	相较于手机，相机拍摄出来的视频质量较高，并且兼具易操作和便携性的优点，因此适合拍摄较为专业的短视频
摄像机	摄像机是专业的摄像设备，其优点是功能丰富强大、能够拍摄出高质量的视频，同时适合较长时间的拍摄工作
无人机	无人机常用于辅助拍摄自然风光、环境展示等视频，其优点是体积小、灵活性强、稳定性好

常用的短视频剪辑工具有剪映、小影、爱剪辑、会声会影、Adobe Premiere 等，具体如表 5-6 所示。

表 5-6　常用的短视频剪辑工具

平台类型	工具名称	说　明
移动端	剪映	剪映是抖音官方推出的一款移动端视频编辑软件。它具有强大的视频剪辑功能，且内置了大量特效、贴纸、音乐、字体等素材，操作简单、使用方便
	小影	小影是一款经典的视频剪辑工具，主打电子相册和 Vlog 制作，为用户提供了丰富的模板和素材。即使没有任何剪辑经验，用户也能利用小影快速制作出令人满意的视频

表 5-6（续）

平台类型	工具名称	说　明
PC 端	爱剪辑	爱剪辑是一款功能强大、简单易用的视频编辑软件。它具有非常优秀的特效和滤镜效果，且支持多种音视频格式，即使用户没有任何专业知识背景，也可使用爱剪辑制作出令人满意的视频效果
	会声会影	会声会影是一款操作简单的视频编辑软件，它拥有多款精美滤镜及优质素材，支持添加马赛克、文字、水印等功能
	Adobe Premiere	Adobe Premiere 是 Adobe 公司开发的一款 PC 端视频编辑软件。它集视频采集、剪辑、转场、字幕制作等功能于一体，是目前流行的短视频后期处理软件

4. 发布并推广农产品短视频

短视频制作完成后就可以将其发布到短视频平台上，这时需要为短视频设计封面、标题、文案等内容，并为其设置标签，以扩大短视频的影响力，吸引更多用户观看。

短视频发布之后还需要进行推广，农产品电子商务商家在该环节中需要及时跟进短视频在平台上的数据变化，并与观看视频的用户进行互动，同时可以将短视频分享到其他平台上，提高短视频的曝光度，达到引流的目的。

5. 对农产品短视频数据进行分析

要想优化农产品短视频营销的效果，农产品电子商务商家还需要对农产品短视频数据进行分析，分析的内容包括短视频的平台推广情况、用户点击数和观看次数，以及用户点赞、评论和转发数据等。

🖥 任务实施——规划和设计农产品直播营销活动

阳光玫瑰葡萄（见图 5-13）以其独特的口感、玫瑰般的香气和卓越的品质，一度在市场上风光无限，成为众多消费者争相追捧的高端水果。2024 年，某葡萄生产专业合作社引入了阳光玫瑰这一品种，并投入了大量的心血和资源。然而，期盼已久的丰收季节来临时，眼前的景象却让他们又喜又忧：满园的阳光玫瑰葡萄挂满枝头，晶莹剔透、美不胜收，但市场反响却远未达到预期。高昂的价格让许多潜在消费者望而却步，且传统的销售渠道又难以承载如此大量的产品，一时间，合作社面临着前所未有的销售压力。

规划和设计农产品
直播营销活动

图 5-13 阳光玫瑰葡萄

面对困境，合作社计划采用直播营销这一方式来销售阳光玫瑰葡萄。下面通过帮助合作社规划和设计阳光玫瑰葡萄直播营销活动，来加深对农产品直播营销的认识。具体步骤如下。

步骤1 明确本次阳光玫瑰葡萄直播营销活动目的。通过本次阳光玫瑰葡萄直播营销活动，拓展合作社的销售渠道，提高阳光玫瑰葡萄的销量，在直播结束后的一周内，将合作社生产的阳光玫瑰葡萄全部销售出去。

步骤2 确定本次阳光玫瑰葡萄直播营销活动方案。从直播目的、直播简述、人员分工、时间节点和预算控制5个要点出发设计本次直播营销活动方案（见表5-7），并将其传达给所有参与直播的人员，保证直播营销活动的顺利进行。

表 5-7 阳光玫瑰葡萄直播营销活动方案

要 点	具体内容
直播目的	拓展合作社的销售渠道，提高阳光玫瑰葡萄的销量，在直播结束后的一周内，将合作社生产的阳光玫瑰葡萄全部销售出去
直播简述	（1）本次阳光玫瑰葡萄直播营销活动以"奢华味蕾之旅——探索阳光玫瑰葡萄的非凡魅力"为主题，向观众展示并讲解阳光玫瑰葡萄 （2）本次阳光玫瑰葡萄直播营销活动将于××××年××月××日（周六）早上9点半在抖音平台的合作社官方账号中开启 （3）为吸引更多用户前来观看直播，邀请美食博主现场试吃阳光玫瑰葡萄，并分享自己的感受 （4）以低于市场价的优惠价格在直播间销售阳光玫瑰葡萄，并在直播过程中设置抽奖环节
人员分工	本次阳光玫瑰葡萄直播营销活动的参与人员由主播、副播、策划、场控和客服组成。其中，主播负责展示、讲解与试吃阳光玫瑰葡萄；副播负责协助主播直播；策划负责策划并撰写本次阳光玫瑰葡萄直播营销活动方案；场控负责直播后台操作；客服负责处理产品订单、发货及售后问题

表 5-7（续）

要　点	具体内容
时间节点	（1）在正式直播的前一周，完成本次阳光玫瑰葡萄直播营销活动的方案设计工作 （2）在正式直播的前 5 天制作宣传物料，并对直播活动进行持续宣传 （3）正式直播时间为××××年××月××日（周六）早上 9 点半到 11 点半 （4）在直播结束的当天，直播团队需要将剪辑好的直播视频发布在微博、抖音等平台，达到二次传播、效果发酵的目的 （5）在直播结束一周后，直播团队需要对直播数据进行复盘与整理，并总结经验和教训
预算控制 （具体金额此处均省略）	（1）购买直播硬件费用：手机支架、补光灯等 （2）嘉宾邀请费用：美食博主的邀请费 （3）宣传费用：根据实际情况，考虑是否需要为本次直播营销活动付费宣传 （4）抽奖奖品费用：直播过程中为获奖观众发放的小礼品的费用 （5）工作人员劳务费：参与直播的所有人员的工资

步骤 3 打造直播间并组建直播团队。选择合作社的阳光玫瑰葡萄园作为本次直播营销活动的直播场地，将采摘的阳光玫瑰葡萄整齐摆放在桌子上（见图 5-14），调整好手机支架、补光灯等直播设备的位置。此外，设置好直播软件并测试网络状况，避免直播过程中出现异常情况。

图 5-14　打造直播间

本次阳光玫瑰葡萄直播营销活动需要 5 人，分别是主播 1 人、副播 1 人、策划 1 人、场控 1 人、客服 1 人。需要注意的是，所选主播应形象好、气质佳、谈吐自然，还要非常了解阳光玫瑰葡萄的特点。

步骤 4 做好本次阳光玫瑰葡萄直播宣传规划。制作精美的图文宣传海报（见图 5-15）、宣传视频等，在直播营销活动开始前 5 天通过合作社微信公众号、微信群、抖音账号、快手账号等进行持续宣传。

图 5-15　图文宣传海报示例

步骤5　实施阳光玫瑰葡萄直播活动。在直播过程中，各工作人员需要尽可能按照直播营销活动方案，将直播各环节有序推进下去，确保直播活动的顺利完成。需要注意的是，直播过程中需要实时监控直播观看人数、直播互动情况、转化率等，及时调整直播方式。

步骤6　二次传播。在直播结束后，对直播过程中比较有趣的内容进行剪辑，然后以短视频的形式发布在微信、抖音、快手等目标消费者比较集中的平台上，进一步加强直播营销效果。

步骤7　复盘阳光玫瑰葡萄直播。对整个直播营销过程进行复盘，一方面进行直播数据（重点是流量数据和转化数据）统计与分析，评估直播效果是否达到预期目标；另一方面总结本次阳光玫瑰葡萄直播营销活动的经验与教训。

拓展阅读

诚信是电商"新农人"的第一生命力

在直播电商如火如荼的今天，无数电商"新农人"通过直播将家乡农产品销往全国各地，这不仅丰富了消费者的餐桌，也为农村经济发展不断注入新活力。然而，个别涉农无良直播电商虚假宣传、售卖假货、以次充好，严重损害了消费者权益，破坏了市场的公平竞争环境。这样的行为不仅对消费者造成经济损失，还可能对消费者的健康造成潜在威胁。同时，无良直播电商也损害了农产品的品牌形象和声誉，影响了农产品的正常销售和农民的收益。

诚信是立商的基础，在多力共助互联网商业不断下沉兴村这条艰辛的路上，诚信对于电商"新农人"来说，无疑是第一生命力。

在直播电商中，消费者无法直接接触到产品，只能通过主播的描述和展示来了解产品。广大消费者本着对农村及农民的深厚感情和广泛信任参与购物，因此主播的诚信度直接关系到消费者的购买决策和满意度。如果主播为了短期利益而牺牲诚信，那么最终将失去消费者的信任和支持，从而失去长远发展的基础。

农产品作为直播电商中的重要品类，其质量和安全更是直接关系到消费者的健康和生命安全。因此，主播在选品、销售、售后等各个环节都应该严格遵守相关法律法规和标准，确保农产品的质量和安全。同时，还应该积极回应消费者的质疑和投诉，及时解决问题，树立良好的品牌形象。

3～5人一组，在网上查找资料并结合上述材料，讨论以下问题。

（1）为什么说诚信是电商"新农人"的第一生命力？

（2）在开展农产品电子商务活动时，如何做到诚实守信？

项目考核

1. 选择题

（1）下列选项中，不属于农产品网络营销特点的是（　　）。

    A. 跨时空性　　　　　　　　　　B. 高成本

    C. 交互性　　　　　　　　　　　D. 整合性

（2）通过控制产品供给量来制造产品供不应求的"假象"，以此来激发消费者较为强烈的购买欲望的营销方法是（　　）。

    A. 饥饿营销　　　　　　　　　　B. 情感营销

    C. 网络广告营销　　　　　　　　D. 事件营销

（3）某农产品品牌利用热点事件来开展网络营销，成功引起消费者的关注。在这一过程中，该农产品品牌采用了（　　）方法。

    A. 饥饿营销　　　　　　　　　　B. 情感营销

    C. 网络广告营销　　　　　　　　D. 事件营销

（4）对于农产品来说，常用的电商平台类网络营销工具不包括（　　）。

    A. 惠农网　　　　　　　　　　　B. 京东商城

    C. 淘宝网　　　　　　　　　　　D. 微博

（5）下列选项中，不属于农产品电商平台营销方法的是（　　）。

    A. 开展有效的促销活动　　　　　B. 开展大规模地推活动

    C. 打造良好的店铺形象　　　　　D. 优化商品详情页

（6）下列选项中，不属于农产品电子商务商家优化商品详情页方法的是（   ）。

  A．优化搜索关键词

  B．使用"文字+图片+视频"的形式全方位展示农产品

  C．使用高质量、有吸引力的农产品图片和视频

  D．使用数据体现农产品的优势

（7）下列关于农产品直播营销的说法，错误的是（   ）。

  A．农产品直播营销具有很强的实时互动性

  B．主播可以通过展示农产品的生长环境、加工过程等获取消费者的信任

  C．农产品直播活动结束则代表整场营销活动结束，不需要对活动进行复盘

  D．农产品直播营销方案的作用是帮助参与直播的人员熟悉直播营销活动的流程
和分工

（8）下列选项中，不属于农产品短视频营销特点的是（   ）。

  A．灵活性强　　　　　　　　　　B．成本低

  C．传播范围广　　　　　　　　　D．信息承载量较少

2．判断题

（1）农产品网络营销不只包括农产品网络销售。 （　　）

（2）在农产品网络营销中，营销信息通常是单向推送的。 （　　）

（3）农产品电子商务商家在采用口碑营销时，需要更加注重产品本身的质量、消费者的满意度，以及消费者的真实口碑传播等。 （　　）

（4）农产品往往自带情感价值，因此情感营销在农产品网络营销中比较常见。

  （　　）

（5）在电商平台上，提升农产品搜索排名对于农产品电子商务商家来说至关重要。

  （　　）

（6）在电商平台上，农产品电子商务商家可以通过优化关键词和商品详情页来提升农产品的搜索排名。 （　　）

（7）在开展农产品直播营销时，可以选择农产品产地、农产品加工车间等作为直播间。

  （　　）

（8）农产品电子商务商家在发布短视频时，不需要考虑短视频平台用户的活跃时间段。

  （　　）

3．简答题

（1）简述农产品网络营销的特点。

（2）农产品网络营销的常用方法有哪些？

（3）简述农产品直播营销的基本流程。

（4）简述农产品短视频营销的要点。

项目评价

全班学生每 3～5 人为一组，各组成员结合课前、课中和课后的学习情况，以及项目考核情况，按照表 5-8 的评价标准对本项目的学习成果进行自评和互评（组内成员互相打分），并请指导教师进行师评及总评。

表 5-8　项目评价

评价项目	评价内容	分值	自评	互评	师评
知识（60%）	农产品网络营销的概念和特点	5 分			
	农产品网络营销的方法和工具	10 分			
	农产品电商平台营销的概念和方法	15 分			
	农产品直播营销的概念、优势和基本流程	15 分			
	农产品短视频营销的概念、要点和基本流程	15 分			
技能（20%）	为农产品选择合适的网络营销方法和工具	10 分			
	规划和设计农产品直播营销活动	10 分			
素养（20%）	遵守课堂纪律，具有团队精神	5 分			
	具有自主学习意识，做好课前准备	5 分			
	积极参与教学活动，善于思考提问，勇于探索创新	5 分			
	细致认真，出色完成任务实施及项目考核	5 分			
合计		100 分			
总评	综合得分：_____	指导教师签字：_____			
	综合等级：_____				
总结提高	最突出的表现（优点或进步）： 还需改进的地方（缺点或不足）：				

说明：综合得分=自评（25%）+互评（25%）+师评（50%）；综合等级以"优"（综合得分≥90 分）、"良"（80 分≤综合得分＜90 分）、"中"（60 分≤综合得分＜80 分）、"差"（综合得分＜60 分）为标准进行评价。

项目六

农产品电子商务仓储与物流管理

项目导读

仓储与物流是农产品电子商务的重要环节，承担着保障农产品的质量和安全，以及将农产品运送到消费者手中的使命。科学的农产品电子商务仓储与物流管理能够保持农产品的新鲜度和品质，提高物流效率，降低企业经营成本，提高消费者的满意度，从而增强农产品电子商务商家的市场竞争力。

学习目标

知识目标

- 了解农产品电子商务仓储的含义、内容和模式。
- 熟悉常见的农产品储存方式。
- 熟悉农产品电子商务仓储管理的内容。
- 熟悉农产品电子商务物流的含义、特点和模式。
- 熟悉农产品冷链物流的特点、环节和服务商。

能力目标

- 能够设计仓库布局并为不同农产品选择合适的储存方式。
- 能够为农产品电子商务企业选择物流模式和物流服务商。

素质目标

- 树立全局意识，在实践中提高综合分析和独立处理各种复杂问题的能力。
- 积极践行绿色发展理念，倡导简约适度、绿色低碳的生活方式。

案例导入

物流企业助力新疆农产品走向全国

阿图什无花果、轮台小白杏、吐鲁番葡萄……入夏以后，新疆水果陆续上市，物流企业深入田间地头，助力特色农产品通过寄递渠道走向全国各地。

新疆无花果有着"水果皇后"的美誉，其果味甘甜如蜜。然而，由于无花果采摘后极易软化、褐变、腐坏，常温条件下只能储存一两天。在新疆维吾尔自治区克孜勒苏柯尔克孜自治州邮政管理局等部门的指导下，顺丰快递积极探索无花果冷链物流新模式，联合新疆维吾尔自治区某电子商务公司引进"复合气调保鲜技术"，实现了包装自动气调和覆膜包装，并通过航空或冷链运输，将无花果的保质期延长至 15 天。特别是在顺丰快递的航空运力（见图 6-1）支持下，新疆无花果可以在两天内送达一线城市消费者的手中。

图 6-1　顺丰快递的航空运力

新疆维吾尔自治区哈密市的哈密瓜寄递业务则形成了多业态融合发展的新格局。哈密市积极探索"特色农产品+电子商务+邮政快递"多业态融合发展的县、乡、村三级寄递物流体系，畅通了农产品"出村进城"的通道。哈密市快递行业协会还在哈密市伊州区南湖乡、伊吾县淖毛湖镇设置流动服务点，提供哈密瓜的打包、运输、寄递一站式服务，实现采摘、外销无缝衔接。截至 2024 年 6 月底，当地通过线上销售、线下寄递等服务模式累计快递哈密瓜 21.34 万件，带动农业总产值 1 664.56 万元。

截至 2024 年 6 月底，新疆维吾尔自治区各类邮政快递服务现代农业项目已累计完成业务量 2 389.91 万件，同比增长 142.69%，带动农业总产值超过 26 亿元。这一成绩的取得与新疆维吾尔自治区物流企业的支持密不可分。

（资料来源：米日古力·吾，《新疆邮政快递服务现代农业项目完成 2 389.91 万件》，

天山网，2024 年 8 月 16 日）

❓ **请思考：**

农产品电子商务仓储与物流有哪些特点？在农产品电子商务活动中，商家可以选择哪些物流模式？

任务一 认识农产品电子商务仓储

 任务导入

仓储是连接农产品生产和销售的重要环节，关系着农产品的质量。对于农产品电子商务商家来说，要想保障农产品的质量，离不开科学的农产品电子商务仓储的支持。

本任务首先介绍农产品电子商务仓储的基础知识，然后通过设计仓库布局并为不同农产品选择合适的储存方式，来更为直观地认识农产品电子商务仓储。

一、农产品电子商务仓储概述

（一）农产品电子商务仓储的含义

农产品电子商务仓储是指在电子商务环境中，利用仓库及相关设施设备对农产品进行入库、储存、出库等操作。

通俗来说，农产品电子商务仓储就是服务于农产品电子商务的一系列仓储活动，其作用主要表现在两个方面：一方面，为不同的农产品提供适宜的储存环境，延长农产品的保质期；另一方面，确保农产品能够快速入库和出库，使仓储活动能够高效地配合农产品电子商务商家的经营活动。

（二）农产品电子商务仓储的内容

具体来说，农产品电子商务仓储的内容主要包括以下几个方面。

1. 仓库布局

仓库布局是指将仓库空间划分为多个具有不同功能的区域，以便充分、有效地利用仓库空间，提高仓库作业效率。农产品仓库区域通常包括收货区、暂存区、储存区、分拣区、出货区等，布局如图6-2所示。

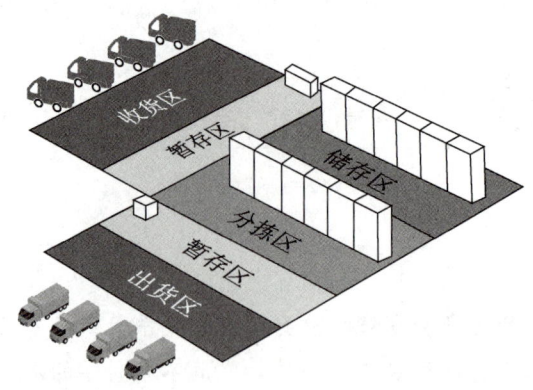

图 6-2　农产品仓库布局示例

（1）收货区：完成农产品入库前期工作（如卸货、验收等）的区域。

（2）暂存区：进出仓库的农产品往往还需要等待仓库工作人员处理入库或出库单据，或是为农产品贴上标签等，所以在进行这些工作时，需要将农产品存放在暂存区。

（3）储存区：储存农产品的区域。

（4）分拣区：进行分货、拣货等操作的区域，仓库工作人员会按照订单要求，将农产品在此区域配齐。

（5）出货区：已配齐的农产品会被运送至出货区，以便装车外运。

2．入库管理

入库是指按一定的程序和手续，将农产品移入仓库的过程。在这个过程中，仓库工作人员会核对入库农产品的种类、数量、重量、规格，以及检查农产品的品质、包装等，并及时将农产品信息录入仓储管理系统。对于一些易腐烂变质的农产品，如蔬菜、水果等，要及时将其放置到合适的储存区域，以免影响农产品的品质。

3．储存管理

储存管理主要包括设置储存环境、盘点与监控库存等工作。

（1）设置储存环境。仓库工作人员应根据农产品的特性、储存要求等，为农产品选择适宜的储存方式，并设置合适的储存环境，以延长农产品的保质期。

（2）盘点与监控库存。仓库工作人员应定期对仓库中储存的农产品进行盘点，确保仓储管理系统中的库存数据与实际库存情况一致。对于农产品电子商务商家来说，监控农产品库存数据，并根据农产品销售情况、市场发展趋势等灵活调整农产品的补货量，能够有效防止缺货或库存积压等情况的发生。

4．出库管理

出库管理主要包括分拣、发货等工作。

（1）分拣。分拣是指仓库工作人员按照订单要求，将农产品从储存区挑选出来。在分拣过程中，仓库工作人员会检查农产品的质量、包装、规格等，以确保分拣出来的农产品符合订单要求。

（2）发货。发货是指仓库工作人员将分拣完成的农产品直接打包发货或交接给物流服务商进行打包发货。如果由仓库直接发货，仓库工作人员还应及时将发货信息（如快递单号、发货时间等）录入仓储管理系统，方便后续提供物流查询服务。

5. 安全管理

安全管理是指采取必要的防盗、防火、防爆和防虫害等措施，确保仓库内农产品与工作人员的安全。为此，仓库管理人员应建立完善的安全管理制度和应急预案，并定期进行安全检查和演习。

二、农产品电子商务仓储的模式

按照仓库位置的不同，可将农产品电子商务仓储分为以下几种模式。

（一）产地仓模式

产地仓模式是指仓库位于农产品产地附近的模式。产地仓模式的优点是在农产品收获后，能够第一时间对农产品进行分级、加工、包装、储存等，减少了中间环节及农产品的损耗。这种模式能够最大限度地为农产品后续的销售提供品质保障，主要适用于易腐坏、对保鲜要求高的农产品，如新鲜蔬菜、水果、肉类等。

例如，2022年，广西壮族自治区玉林市容县某农业龙头企业建设的农产品产地仓投入使用，该产地仓配备了农产品采后清洗、分级、分选、加工、包装、冷藏等设施设备，为本地及周边电子商务企业和个人提供沙田柚、蜜柚、百香果等农产品一件代发服务，并为他们解决售后服务等问题。

（二）中转仓模式

中转仓模式是指仓库位于交通枢纽（如港口、铁路枢纽、公路枢纽等）附近的模式。中转仓模式的优点是能够借助仓库的区位优势对农产品进行汇集、重新分配和集中转运，通过规模效应有效降低农产品的物流成本。

北京顺义物流中转仓

例如，为进一步拓展内蒙古自治区赤峰市巴林左旗农畜产品销售渠道，北京市顺义区与巴林左旗共同建设了巴林左旗"北京顺义物流中转仓"。该中转仓主要为巴林左旗农畜产品生产企业提供农畜产品分拣、打包及全国发货业务，从该中转仓发货的巴林左旗农畜产品能节省大约三分之一的物流成本。

中转仓模式主要适用于农产品的大规模流通和跨区域调配。特别是对于一些季节性生产但全年消费的农产品（如粮食），中转仓可以起到很好的调节作用，保证农产品在不同季节和地区的稳定供应。

（三）销地仓模式

销地仓模式是指仓库位于农产品销售地附近的模式。销地仓模式的优点是仓库接近农产品消费市场，不仅可以有效减少配送时间，提高消费者满意度，还可以根据当地消费者的购买偏好储存农产品，从而快速响应市场需求。

例如，湖北省恩施土家族苗族自治州（简称"恩施州"）在浙江省杭州市建设了销地仓，用于储存茶叶、腊肉、粮油等 200 多种当地消费者喜爱的特色农产品，较好地满足了当地消费者对恩施州特色农产品的需求。

（四）前置仓模式

前置仓模式是一种更靠近消费者的小型仓储模式，其仓库位置通常在社区周边，仓库面积相对较小。前置仓模式的优点是能够满足消费者即时送达的需求，一般可以在 1～2 小时甚至更短时间内将农产品送到消费者手中。

目前，前置仓模式主要应用于农产品新零售领域。例如，盒马鲜生、7FRESH 七鲜等农产品新零售模式的企业将前置仓与线下门店合二为一，向线下门店附近的消费者即时供应农产品。

三、常见的农产品储存方式

为农产品选择合适的储存方式是农产品电子商务仓储的重要工作。常见的农产品储存方式有以下几种。

（一）常规储存

常规储存是指使用普通的仓库储存农产品，无须配备其他特殊设施设备。常规储存的优点是简便易行，适用于干性耐储农产品，如小麦、稻谷、玉米、红豆等。例如，在常规储存条件下，小麦的正常储存年限一般为 5 年。

采用常规储存方式储存农产品时，应注意仓库要具备良好的通风条件，避免农产品受潮发霉。

（二）冷库储存

冷库储存是指将农产品放置在利用隔热材料建造的仓库中进行储存，然后通过机械制冷设备控制仓库内的温度，以满足农产品长期储存的要求。冷库储存的优点是能够有效抑制微生物的活动及病菌的繁殖，降低酶的活性，减弱农产品在储存时的生理生化变化，保持农产品的新鲜度和品质。

　　冷库储存是一种高效、安全的储存方式，适用于果蔬、肉类、海鲜等需要低温保鲜的农产品。

 知识链接

　　根据储存温度不同，可以将冷库储存分为冷藏储存和冷冻储存两大类。

　　（1）冷藏储存：将农产品储存在较低的温度下，如 0～10℃，以保持其新鲜度和营养价值，适用于水果、蔬菜、乳制品等的储存。

　　（2）冷冻储存：将农产品储存在极低的温度下，如−18℃以下，使其完全冻结，防止细菌的生长，适用于肉类、水产品等的长期储存。

（三）干燥储存

　　干燥储存是指通过降低农产品中水分的含量来抑制微生物的生长和繁殖，防止农产品在储存过程中腐烂变质。干燥储存的优点是能够大幅延长农产品的保质期，并且能够减轻农产品的重量、缩小农产品的体积，从而降低农产品的储存成本。采用干燥储存方式储存农产品时，需要严格控制储存环境的湿度，如果湿度过高，农产品容易受潮和发霉。

　　干燥储存适用于干燥后不影响其食用价值和营养价值的农产品，如海带、香菇和木耳等。例如，干香菇的水分含量一般控制在 13%以下，在干燥、阴凉的环境中可以储存 1～2 年。

（四）窖窖储存

　　窖窖储存是指将农产品放置在地下或半地下的窖或窖中进行储存，利用窖或窖独特的储存环境来延长农产品的保质期。窖窖储存的优点是储存环境氧气稀薄，能够有效抑制微生物的活动和各种害虫的繁殖，而且能够保持相对稳定的温度和湿度，减少因温度和湿度变化引起的腐烂变质。

　　窖窖储存适用于大白菜、胡萝卜、马铃薯、红薯等农产品，储存效果好且经济实用，在我国北方农村地区比较常见。

案例阅读

智能化红薯窖为乡村振兴带来新"薯"光

　　金秋时节，山西省高平市种植的红薯迎来大丰收。为解决红薯储存问题，高平市建设了 5 个智能化红薯窖，让红薯产业搭上"科技快车"，实现了高质量发展。"村里建设的智能化红薯窖可以很好地控制温度、湿度，延长红薯的储存时间，实现红薯错峰上市，我们村民也跟着受益。"家住三甲镇赤祥村的申某一边分拣红薯，一边说着

智能化红薯窖的好处。连日来，在三甲镇赤祥村，村民们正抢抓晴好天气，把刚收获的红薯进行分拣、装箱，并搬运至智能化红薯窖中进行储存。

看着喜获丰收的红薯，智能化红薯窖负责人刘某兴奋地说："我们的智能化红薯窖分为 50 个长 20 米、高 3 米的支洞，每个支洞可储存 23 吨红薯，按照专业建设标准，每个洞内都有自然通风孔，还配备了风机和喷水装置，可实现温度、湿度的智能化控制。如今，红薯储存问题解决了，销路也不愁了。"

（资料来源：李金莎、文环，《智能化红薯窖为乡村振兴带来新"薯"光》，

高平市人民政府网，2023 年 10 月 19 日）

案例解析：

红薯在秋季收获后，常规储存条件下容易因天气变冷而出现冻坏、变质等现象，所以窖藏储存不失为一种经济实惠的选择。智能化红薯窖通过温度、湿度的智能化控制，延长了红薯的储存时间，这不仅提高了村民的收益，还实现了红薯产业的高质量发展，充分体现了科技赋能农业的重要性。

（五）密封储存

密封储存是指将农产品放置在密封的环境中，减少外界因素（如温度、湿度、光线、害虫等）对农产品的影响，从而达到安全储存农产品的目的。密封储存的优点是储存环境中氧气含量低，需氧微生物难以生存，同时农产品自身的呼吸作用也会受到抑制，从而实现延长农产品保质期的目的。

密封储存适用于干贝、干海参等干货类农产品，以及谷物种子、蔬菜种子等种子类农产品等。

（六）气调储存

气调储存是指通过调整和控制储存环境中气体的成分和比例，来抑制作用于农产品的微生物活动，达到保持农产品新鲜度和品质的目的。

采用气调储存方式储存农产品，储存时间是冷库储存的 3～5 倍，有些农产品甚至可达数十倍，而且气调储存下的农产品不会结冰，保留了农产品原有的新鲜度和风味，营养成分也不会丢失。气调储存适用于果蔬、花卉等农产品。

四、农产品电子商务仓储管理的内容

为提高农产品电子商务仓储管理的效率，可以"6S 管理"为参考，将农产品电子商务仓储管理的内容划分为 6 个方面，即整理（seiri）、整顿（seiton）、清扫（seiso）、清洁（seiketsu）、素养（shitsuke）和安全（security）。

（一）整理

整理是指评价仓库中农产品及相关物品的必要性，将不必要的农产品或物品清理出去。例如，仓库工作人员应将腐烂变质的农产品、长期闲置且无用的包装材料和工具、已经报废的仓储设备等判定为不必要的农产品或物品，并把它们清理出去，从而减少不必要的干扰，为农产品腾出更多的储存空间。

（二）整顿

整顿是指将仓库中的农产品有序摆放，并加以标识。对农产品仓库进行整顿可以减少寻找所需农产品的时间，提高仓库运转的效率。在进行农产品仓库整顿时，需要注意以下两点。

（1）不同种类的农产品可分类放置在固定的货架区域，并贴上明显的标签（见图6-3），方便仓库工作人员快速找到农产品。

（2）仓库中的包装材料和工具（如叉车、托盘搬运车等），也应有固定的停放位置和标识。

图 6-3　农产品有序摆放并加以标识

（三）清扫

清扫是指通过定期清扫仓库的灰尘、垃圾和废弃物等，以及对仓库及相应的设施设备进行消毒，保持仓库环境的整洁和卫生。农产品直接关系到消费者的身体健康，所以清扫的重要性不言而喻。

（四）清洁

清洁是指建立并维持标准化的仓储管理制度，保证各项仓储工作按照规定的程序或流程进行，确保仓库始终处于良好的状态。例如，制订仓库物品摆放和标识的标准，要求仓库工作人员严格按照标准进行操作，并通过定期的检查和监督，对不符合标准的情况进行整改，维持仓库的良好秩序和清洁环境。

（五）素养

尽管农产品电子商务的自动化和智能化程度越来越高，但仓库工作人员的素养仍然是影响仓储工作效率的重要因素。在进行仓储管理时，应注重培养仓库工作人员遵守仓储管理制度的习惯，以及认真负责的工作态度。此外，还可以通过定期培训来提升仓库工作人员的职业素养，并逐步加深仓库工作人员对农产品专业知识的了解。

（六）安全

在进行仓储管理时，应保障仓库及工作人员的安全。安全管理主要包括以下 4 个方面。

（1）防火措施：安装消防设备，定期进行消防演练，确保仓库的防火安全。

（2）防盗措施：安装监控设备，建立防盗制度，确保仓库的财产安全。

（3）防虫害措施：定期对仓库进行消毒、灭虫等，确保农产品的质量安全。

（4）防人身伤害措施：提供安全的工作环境和防护设备，保障仓库工作人员的人身安全。

任务实施——设计仓库布局并为不同农产品选择合适的储存方式

任务背景

某农产品电子商务企业在农产品产地附近建设了一个大型农产品仓库，主要为周边地区的农产品生产企业和农户提供农产品储存、订单代发等服务。目前，仓库周边地区生产的农产品主要包括大米、牛肉、大白菜、木耳、苹果、马铃薯等。

任务内容

（1）全班学生以 3～5 人为一组进行分组，各组选出组长。以小组为单位，组内成员分工协作。

（2）结合任务背景为仓库划分功能区域，并在图 6-4 中标出各区域的位置。

仓库出口仓库入口
（发货车辆停车处）（收货车辆停车处）

图 6-4　农产品仓库布局

（3）为表 6-1 中的不同农产品选择合适的储存方式，并说明选择该储存方式的理由。

表 6-1　为农产品选择合适的储存方式

农产品	储存方式	选择该储存方式的理由
 大米	示例：常规储存	示例：简便易行，不需要特殊的设备或技术，成本较低
牛肉		
大白菜		
木耳		

表 6-1（续）

农产品	储存方式	选择该储存方式的理由
 苹果		
 马铃薯		

任务二　认识农产品电子商务物流

任务导入

　　物流是农产品"上行"的关键环节。只有保证物流畅通，农产品电子商务商家才能为消费者提供丰富多样的农产品。

　　本任务首先介绍农产品电子商务物流的基础知识，然后通过为农产品电子商务企业选择物流模式和物流服务商，来更为直观地认识农产品电子商务物流。

一、农产品电子商务物流概述

　　2024 年中央一号文件提出，健全县乡村物流配送体系，优化农产品冷链物流体系建设。这是自 2016 年以来，中央一号文件连续第 9 年提及农村及农产品物流体系建设。在此背景下，农产品物流体系不断完善，有力地推动了农产品电子商务的发展。

（一）农产品电子商务物流的含义

　　农产品物流是物流业的一个分支，指农产品从供给地向接收地进行物理性流动的过程。一般来说，农产品物流包括运输、储存、装卸、搬运、流通加工、包装、配送、信息处理等基本活动。

　　农产品电子商务物流是指服务于农产品电子商务的各类物流活动的总和。在农产品电子商务领域，物流是农产品交易得以顺利达成的必要保证。

（二）农产品电子商务物流的特点

农产品电子商务物流是传统农产品物流与电子商务融合的产物，它具有以下几个显著特点。

1．服务难度较大

农产品涵盖蔬果、干货、水产品、花卉等，品类繁多、数量巨大。不同品类的农产品特性不同，物流方案也得"因品而异"，因此服务难度显著增加。只有不断提升农产品电子商务物流的服务水平，才能满足农产品电子商务物流日益增长的需求。

2．时效性要求较高

大部分农产品，尤其是水果、蔬菜、鱼、虾、牛奶等生鲜类农产品，具有易腐烂变质的特性，这就要求物流配送在尽可能短的时间内将其送达消费者。此外，部分农产品有最佳食用期限，物流配送延误可能导致产品品质下降，甚至无法食用。

3．对物流设备的要求较高

多数农产品保鲜期短，这类农产品往往对温度、湿度、运输时长极为敏感。因此，要保证这类农产品的品质，在物流过程中就需要使用具有保鲜、冷藏及防疫等功能的物流设备。例如，蔬菜、花卉等农产品在物流过程中需要经过产地预冷、仓储冷藏、运输冷藏、销售终端冷藏等，以保持其自然、鲜活的状态。

4．物流成本较高

我国农业生产仍具有规模小、经营分散的问题，且农村地区的物流基础设施不完善，导致农产品电子商务物流的成本较高。此外，随着冷链物流需求的增加，农产品电子商务物流的成本也随之增加。

5．更加柔性化

物流柔性化是为实现"以客户为中心"的理念而提出的，它要求物流中心根据消费需求"多品种、小批量、多批次、短周期"的特点，灵活组织和实施物流作业。要真正做到柔性化物流，需要具备配套的柔性化物流系统。例如，在农产品收获的季节，物流系统会适当增加运输频次，以满足消费者对新鲜农产品的需求。

二、农产品电子商务物流模式

常见的农产品电子商务物流模式有自营物流模式、第三方物流模式和物流联盟模式3种。

（一）自营物流模式

在农产品电子商务领域，自营物流模式是指农产品电子商务商家借助自身物流条件（包括自建物流设施、自有物流设备、自聘物流人员等）自行组织物流活动，直接经营管

理物流渠道的模式。

1. 自营物流模式的优势

自营物流模式的优势主要体现在以下几个方面。

（1）农产品电子商务商家能够全面掌控物流各环节，自主决定物流服务的流程，并灵活调整物流服务策略，从而更好地应对市场变化。

（2）农产品电子商务商家能够直接与客户接触，及时获取客户需求，并为客户提供个性化物流服务，从而提升客户的消费体验。

（3）农产品电子商务商家能够对物流各环节进行全程监管，确保物流服务的规范性和高效性，极大提升物流服务的质量。

2. 自营物流模式的类型

在自营物流模式中，农产品电子商务商家不仅需要在物流渠道建设上投入较多的资金，还需要稳定的业务订单来支撑物流渠道的运作。因此，自营物流模式主要有以下两类：① 资金充足、实力雄厚且业务规模较大的电子商务平台自建物流系统，如京东商城的京东物流（见图 6-5）、苏宁易购的苏宁物流等；② 已有相当规模的营销渠道和物流配送体系的大型企业自建物流系统，如双汇集团的双汇物流等。

图 6-5　京东物流官方网站首页

（二）第三方物流模式

在农产品电子商务领域，第三方物流模式是指由独立于农产品供需双方之外的第三方物流服务商提供物流服务的模式。在该物流模式下，第三方物流服务商不参与农产品交易，只提供专业化的物流服务。第三方物流模式是目前大多数农产品电子商务商家的选择。

1. 第三方物流模式的优势

对于农产品电子商务商家来说，第三方物流模式的优势主要体现在以下几个方面。

（1）农产品电子商务商家将物流业务委托给专业的物流服务商后，就可以将自身资源集中于农产品采购、营销等核心业务上，增加核心业务的竞争优势。

（2）第三方物流服务商往往具有规模优势、渠道优势和专业优势，能够为农产品电子商务商家提供多功能、全方位、价格优惠的物流服务，进而提高物流效率、节省物流成本。此外，第三方物流服务商还可以根据农产品电子商务商家的要求，为其提供个性化的物流服务。

（3）如今，第三方物流服务商的数量众多，提供的物流服务也多种多样，农产品电子商务商家可以通过与不同的第三方物流服务商合作，实现物流设施设备、技术、物流线路和物流信息等资源的优化配置，节省物流成本。

（4）农产品电子商务商家通过将物流业务委托给第三方物流服务商，可以将物流风险转移给第三方物流服务商，从而降低自身的经营风险。例如，在第三方物流模式下，农产品在运输过程中的变质、损伤、丢失等风险，部分或全部由第三方物流服务商承担。

2. 常见的第三方物流服务商

在农产品电子商务领域，常见的第三方物流服务商有顺丰控股股份有限公司、中国邮政速递物流等。

（1）顺丰控股股份有限公司。顺丰控股股份有限公司（以下简称"顺丰控股"）于1993年成立，是我国领先的快递物流综合服务商。顺丰控股旗下拥有顺丰速运、顺丰多式联运等国内知名的物流服务品牌。

① 顺丰速运（见图6-6）主要为客户提供小批量的物流服务，包括个人服务和企业服务等。

图6-6 顺丰速运官方网站首页

② 顺丰多式联运（见图6-7）是顺丰控股旗下的大宗货物运输综合服务组织。在农产品物流方面，它使用公路、铁路、水路等多种形式结合的联运模式，为客户提供门到门的全程电子商务物流解决方案。顺丰多式联运可以承运的农产品包括谷物、油脂、畜禽产品、林产品、水产品、蔬菜、瓜果和花卉等。

图6-7 顺丰多式联运官方网站首页

（2）中国邮政速递物流。中国邮政速递物流（见图 6-8）是经国务院批准，由中国邮政集团有限公司于 2010 年 6 月联合各省邮政公司共同发起设立的国有股份制公司，也是我国经营历史最悠久、规模最大、网络覆盖范围最广、业务种类最丰富的快递物流综合服务提供商。中国邮政速递物流的业务范围遍及全国 31 个省（自治区、直辖市）的所有市县乡（镇）。

图6-8 中国邮政速递物流官方网站首页

中国邮政速递物流的惠农合作项目是中国邮政集团有限公司为落实中央一号文件精神，服务乡村振兴战略，与农业农村部联合开展的一项重点工作，可为农民合作社、家庭农场等新型农业经营主体提供金融、寄递、电商等综合服务。目前，惠农合作项目包括惠农"易邮箱"和"极速鲜"惠农服务。

① 惠农"易邮箱"是一种业务范围覆盖全国，以陆路运输为主的高性价比寄递服务。该服务采取按箱计费的方式，向客户提供标识明显、规格统一、高性价比的快递包裹服务。

②"极速鲜"惠农服务借助以邮政自主航空和冷链等干线网络为核心的"极速鲜"寄递平台，以及邮政内外线上线下销售渠道，搭载网运优先保障、冷链专线定制、够量整车直发、主动客服跟进、快速理赔机制等在内的增值服务，致力于为农民合作社、家庭农场等新型农业经营主体搭建一条高效、极速、绿色的农产品"进城"通道。

邮政"极速鲜"助力
疆味年货加速出疆

小提示

除此之外，常见的第三方物流服务商还有圆通速递、中通快递、申通快递、韵达快递、德邦物流等。农产品电子商务商家在选择第三方物流服务商时，应从安全、价格、便捷、效率等方面进行综合考虑，从而确保能以最优惠的价格享受到最优质的物流服务。

课堂讨论

《2024丰收节抖音电商助农数据报告》显示，2023年9月至2024年9月，抖音电商累计销售农特产品71亿单，平均每天有1 740万单农特产品包裹销往全国各地，持续带动优质农特产品"出村进城"。请同学们上网查找相关资料，并讨论以下问题。

（1）抖音电商目前合作的第三方物流服务商有哪些？

（2）抖音电商是否适合采用自营物流模式？为什么？

（三）物流联盟模式

物流联盟模式是指两个或两个以上企业为实现提高物流效率、降低物流成本等物流相关战略目标而采取长期联合与合作的模式。参加物流联盟的企业主要包括具有物流需求的企业（如农产品电子商务企业）和提供物流服务的企业（如第三方物流服务商），它们在汇集、交换或统一物流资源的同时，仍保持各自的独立性。

1. 物流联盟模式的优势

对于不同角色的成员来说，物流联盟模式的优势如下。

（1）对于提供物流服务的企业（如第三方物流服务商）来说，物流设施设备一经投入就成为不可回收的沉没成本，并且农产品设施设备的专用性较高，若没有大量订单形成规模效应，企业就会面临资金占用和资源浪费的困境。物流联盟可以将专用性资产由"单独占用"转变为"共同占用"，从而有效解决这一困境，提高企业的投资回报率。

（2）对于具有物流需求的企业（如农产品电子商务企业）来说，通过与提供物流服务的企业进行联盟，可以获得物流资源、技术和服务支持等，从而降低自身的运营成本，提高经营效率。

2. 常见的物流联盟

国内比较知名的物流联盟有菜鸟联盟、物流智能联盟等。

（1）菜鸟联盟。菜鸟联盟成立于 2016 年，是由菜鸟网络牵头，联合国内外主要物流合作伙伴组建的联盟，致力于提高我国电商物流的服务品质。其成员包括中国邮政集团有限公司、中国邮政速递物流、顺丰控股、圆通速递等。菜鸟联盟自成立以来，已经推出当日达、次日达、预约配送等服务，并形成一套确定性的物流服务体系。

（2）物流智能联盟。物流智能联盟成立于 2024 年，是物流行业首个专注于大模型应用研究与实践的联盟，旨在加速大模型在物流领域的应用，推动物流行业的科技创新和智能化发展。其成员包括阿里云、菜鸟、高德地图、圆通速递、申通快递、中通快递等。

知识链接

除了上述主流的农产品电子商务物流模式，实际应用中还有以下几种物流模式。

（1）"自营物流+第三方配送"模式：农产品电子商务商家首先通过自营物流将农产品运送至销售地，然后交由第三方物流服务商配送给消费者。这种物流模式能够弥补农产品电子商务商家自营物流渠道的不足。

（2）"自营物流+消费者自提"模式：农产品电子商务商家首先通过自营物流将农产品运送至线下门店或自提网点，然后由消费者前往线下门店或自提网点提取农产品。这种物流模式能够充分利用线下销售渠道和消费者的购物积极性，节约物流成本。

（3）"第三方物流+消费者自提/第三方配送"模式：农产品电子商务商家利用第三方物流将农产品运送至社区终端店，多数农产品通过消费者自提，极少数农产品通过第三方物流服务商配送。这种物流模式兼具第三方物流的效率和消费者自提的灵活性，是中小型农产品电子商务商家的较佳选择。

三、农产品冷链物流

农产品冷链物流是指利用温控、保鲜等技术工艺和冷库、冷藏车、冷藏柜等设施设备，确保农产品（如肉、鱼、虾、蔬菜、水果、花卉等）在初加工、储存、运输、流通加工、销售、配送等过程中始终处于规定温度环境下的物流活动。

（一）农产品冷链物流的特点

作为农产品物流的重要组成部分，冷链物流主要具有以下几个特点。

1. 运营成本高

冷链物流的运营成本高主要源于以下几个方面。

（1）冷链物流的运行需要配备专门的冷链设施设备，如冷库、冷藏车、冷藏柜、冷冻

机等，这些设施设备的购置、维护及保养成本相对较高。

（2）为提高冷链物流的运行效率，还需要配备先进的冷链物流信息管理系统，其建设投入的成本也比较高。

（3）不同农产品需要不同的环境参数，所以许多农产品不能混装，这在一定程度上增加了物流成本。

2. 时效性要求高

冷链物流承载的一般为不易储存的农产品，因此对时间比较敏感，要求尽快完成物流作业。具体来说，从农产品采购、加工到储存、运输、销售等环节，都需要在尽可能短的时间内完成，以减少农产品损耗，降低农产品变质的风险。

3. 设施设备专用性强

冷链物流运行所需的冷链设施设备通常具有较强的专用性，无法用于其他用途。

4. 技术复杂度高

冷链物流涉及制冷技术、保温技术、保鲜技术、温度监控技术等，还需要根据不同农产品的特性进行精细化的温控管理等。因此，冷链物流在技术层面呈现出较高的复杂度。

（二）农产品冷链物流的环节

农产品冷链物流的环节包括冷链加工、冷链仓储、冷链包装、冷链运输、冷链配送、冷链装卸及搬运、冷链物流信息管理等。

1. 冷链加工

冷链加工是一种简单加工方式，能够减少农产品的损耗，延长农产品的保质期。冷链加工主要包括以下3种。

（1）预冷处理：对水果、蔬菜等农产品进行预冷处理，以降低其温度并延长保鲜期。这一环节通常需要真空预冷机、强制通风冷却机等设备。

（2）低温加工：在低温环境下对农产品进行切割、搅拌、调味等加工处理，以防止食品在加工过程中受到污染或变质。

（3）冷却、冻结加工：对生鲜肉类、鱼类、蛋类等农产品进行冷却处理，以降低其温度并减缓新陈代谢；对冷冻肉类、冷冻海鲜等农产品进行冻结处理，以保持其长期储存的稳定性。

🔁 知识链接

蔬菜、水果等农产品在采收后带有大量的田间热，需要及时预冷，快速去除田间热。研究表明，不经过预冷处理的果蔬在流通中的损失率达25%～30%，经过预冷处理的果蔬的损失率为5%～10%。由此可见，果蔬在采收后及时、迅速地进行预冷，对保证其良好的储存效果具有重要意义。

2．冷链仓储

冷链仓储承担着农产品的储存和保管职能。冷链仓储涉及的方式包括冷藏、冷冻和气调。冷链仓储活动需要的冷链设施设备主要有各类冷库、冷藏柜、冻结柜、制冷机组、空调系统等。

3．冷链包装

农产品的包装可以保护农产品，使农产品在物流过程中不受损害，进而起到延长农产品保质期的作用，还可以使物流操作变得更方便。农产品冷链的常用包装材料有瓦楞纸箱、泡沫箱、冰袋、木箱、塑料筐等。

4．冷链运输

农产品的产地、加工基地与销售地往往相距较远，为了保证农产品的质量安全，一些农产品必须进行冷链运输，如图 6-9 所示。冷链运输是冷链物流中成本比较高的活动，在冷链运输过程中，温度的控制及运输线路的选择会对冷链物流成本产生较大的影响。

图 6-9　冷链运输

5．冷链配送

冷链配送主要依托冷链配送中心解决冷链物流中"最后一公里"的问题。与普通配送相比，冷链配送更为特殊，它对时间、温度控制等的要求都非常严格。因此，要科学、合理地选择配送线路，严格控制配送时间。

6．冷链装卸及搬运

在冷链物流的全过程中，经常需要对农产品进行装卸及搬运工作。提高农产品的装卸及搬运效率、减少作业次数，对于提高冷链物流效率具有重要意义。此外，为了保证农产品的品质，装卸及搬运工作一般要在低温环境中完成。

7．冷链物流信息管理

冷链物流信息管理承担着实现各环节高度衔接和配合的职能。冷链物流信息在各主体间及时传递，不仅有助于资源的合理调度，还对冷链物流效率的提高和各主体的协同具有重要作用。

（三）农产品冷链物流服务商

目前，常见的农产品冷链物流服务商有京东物流、顺丰速运、中铁特货、菜鸟等。

1. 京东物流

京东物流（全称"京东物流集团"）于 2017 年 4 月正式成立，是我国领先的技术驱动的物流服务商。2018 年，京东物流正式推出专注于生鲜食品、医药用品等的京东冷链服务。该服务依托冷链仓储网、冷链运输网、冷链配送网"三位一体"的综合冷链服务体系，打造了全流程、全场景的一站式冷链服务平台，致力于确保从商家到消费者的每一个环节都能实现安心、可靠的交付，从而满足市场对高品质冷链服务的迫切需求。

2. 顺丰速运

顺丰速运推出的冷运服务（见图 6-10）致力于为冷链电商客户提供安全、高效的快递物流解决方案。该服务依托强大的运输网络、领先的仓储服务、智能的分仓解决方案、专业的温控技术和先进的系统管理，可为客户提供专业、安全、定制、高效的全程可控冷链服务。

图 6-10 顺丰速运推出的冷运服务

3. 中铁特货

中铁特货（全称"中铁特货物流股份有限公司"）成立于 2003 年，是中国国家铁路集团有限公司下属专业运输企业。自成立以来，中铁特货就将发展冷链物流（见图 6-11）作为其重要任务，同时充分发挥其专业技术优势，基本建成覆盖全国的服务网络。如今，中铁特货的冷链业务经营模式正在从中长距离"站到站"铁路干线运输向"门到门"全程冷链物流发展，致力于为客户打造高品质的控温/保温物流服务。

图 6-11　中铁特货的冷链物流业务

4. 菜鸟

菜鸟成立于 2013 年，是我国领先的电子商务供应链解决方案提供商。凭借深厚的电商洞察力和科技能力，菜鸟专注打造行业领先的电商物流解决方案，业务涵盖国内供应链、菜鸟速递、菜鸟裹裹三大业务板块。2022 年 6 月，菜鸟宣布正式升级冷链服务，主要服务于电商渠道商家，为其解决全渠道冷链发货需求，同时提供冷链仓储和冷链配送服务，为新鲜果蔬、水产冻肉、冷冻冷藏食品等对运输温度及配送质量有一定要求的产品提供专业的全链路冷链物流服务。

 案例阅读

菜鸟速递推出生鲜平价寄服务，布局生鲜冷链市场

菜鸟速递是菜鸟于 2023 年 6 月推出的自营快递品牌。该品牌由服务天猫超市的配送业务升级而来，主打半日达、当日达、次日达和送货上门等服务，提出"服务上对标行业最优，价格上兼具性价比"的口号。

2024 年 5 月 29 日，菜鸟速递推出生鲜平价寄服务，承诺生鲜跨省 48 小时内送达。相较于市场上的其他生鲜快递，菜鸟速递的价格只有平均价格的一半。目前，菜鸟速递在浙江春茶、广东荔枝、河南洛阳樱桃等多个产区开通生鲜平价寄服务点。菜鸟速递表示，相关服务后续还将覆盖全国其他水果生鲜主产区。

差异化竞争力在于"性价比"。菜鸟速递特色经济市场负责人石某认为，以前的生鲜寄递要么是航空寄递，价格高昂，要么是普通寄递，时效、货损无保障。他表示，菜鸟速递希望对服务有要求、对价格也敏感的消费者能够有其他的选择。菜鸟速递推出的生鲜平价寄服务，能够把配送时间控制在 48 小时内，让成本可控，更具性价比。

　　据了解，菜鸟速递的冷链物流价格之所以能做到比其他物流企业更便宜，原因是不选择航空运输，而是选择陆运。菜鸟速递生鲜项目负责人李某表示，这一项目的流程设计针对的是 48 小时能到的区域，把成本做得较低，用陆运加上冷媒运输的技术，能实现与航空运输差不多的效果。李某说："可能时效上稍慢一些，但整个货品的保鲜度和航空差不多。"

　　此外，顺丰速运针对北京市、杭州市等热门消费市场开通了荔枝全货机航线，京东物流推出了驻点收寄、产地直发、冷链专线、航空专线等服务，中通快递在冷链物流方面配置了 200 辆干线运输的冷链车、逾 40 个冷链转运中心、超 1 200 个网点……2024 年，各大物流企业在冷链物流领域纷纷布局。巨额投资的背后，是这些企业看中了生鲜电子商务市场的巨大潜力。

　　（资料来源：贾子健，《菜鸟速递推生鲜平价寄服务 布局生鲜冷链市场》，财经网，2024 年 6 月 8 日）

案例解析：

　　农产品电子商务的发展不仅促进了农产品交易规模的扩大，还促使冷链物流服务商改进物流管理方式，创新冷链物流技术，解决了农产品冷链物流运营成本高、时效性高等问题。

 任务实施——选择农产品电子商务物流模式和物流服务商

任务背景

　　某农产品电子商务企业位于山东省青岛市，主要经营当地的优质粮油产品、新鲜水果、时令蔬菜和各类水产品等。当前，该农产品电子商务企业准备向河北省承德市拓展业务，但受制于物流能力，拓展过程极不顺利。

任务内容

　　（1）全班学生以 3～5 人为一组进行分组，各组选出组长。以小组为单位，组内成员分工协作。

　　（2）根据前面所学知识，结合任务背景，回答以下问题。

　　① 该企业适合选择哪种物流模式？为什么？

　　② 该企业在开展跨省业务时，需要对哪些农产品采用冷链物流？为什么？

　　（3）在网上搜集第三方物流服务商的资料，为该企业选择两个值得合作的物流服务商。选择的物流服务商需要满足以下 3 个要求。

　　① 拥有山东省青岛市至河北省承德市的物流专线。

② 提供冷链物流服务。

③ 在山东省青岛市和河北省承德市均有仓库。

农业农村部：继续优化农产品冷链物流体系建设

2024 年 12 月 3 日，商务部召开完善现代商贸流通体系、推动批发零售业高质量发展专题新闻发布会。会上，农业农村部市场与信息化司副司长杜某表示，"十四五"以来，农业农村部针对产地"最先一公里"冷链物流设施短板，加大政策支持力度，推动产地冷链物流快速发展。

一方面，组织实施产地冷藏保鲜设施建设项目。从设施建设看，共支持 3.8 万个家庭农场、农民合作社和农村集体经济组织，建设 7.8 万个产地冷藏保鲜设施，新增库容近 2 000 万吨，县级覆盖率达 70%以上。西部、中部、东部分别占比约 40%、33%、27%。从设施使用看，全年综合使用平均时长为 8 个月，冷藏使用平均时长为 7 个月；果蔬占设施贮藏品种的 89%，贮藏期延长 69～106 天，实现错峰销售。从减损增效看，农产品的平均损耗率从 19.7%下降到 7.1%，减损带来直接经济效益约 530 亿元。从链条提升看，通过产地冷藏保鲜设施建设，带动机械化分级、清洗、包装等技术装备投入，提高产地商品化处理水平，促进多元流通业态发展，增强产业链供应链韧性。

另一方面，完善产地冷链物流节点布局。根据国家"十四五"规划，农业农村部印发实施方案，推动建设培育 100 个农产品骨干冷链物流重点县（重点市），打造链接城乡的冷链流通关键枢纽；建设培育 1 000 个农产品产地冷链集配中心，打造线上线下融合、产地销地衔接的产地综合服务平台。目前，已开展首批 55 个重点县（重点市）和 500 个产地冷链集配中心建设培育工作。

杜某还表示，总的来看，农民在田头产地有了冷库，既可以减少生鲜农产品的损耗，又可以实现错峰销售，直接提升了议价能力，自然也就增加了收入，还可以拉动农村有效投资，促进消费扩容提质，提升跨季节、跨地域的均衡供应能力，增强市场运行的稳定性和产业抗风险能力。

下一步，农业农村部将按照"十四五"规划及行动计划既定部署，会同商务部、供销合作总社等部门，通过中央财政建设一批、推动地方财政建设一批、引导社会资本自建一批等方式，继续优化农产品冷链物流体系建设，满足产地贮藏保鲜和产后处理需要，培育一批具有组织供应、产后处理、冷链流通等能力的流通主体，提升产地流通组织化、集约化和标准化水平。

3～5人一组，在网上查找资料并结合上述材料，讨论以下问题。

（1）我国目前农产品冷链物流体系建设有哪些成果？

（2）产地冷链物流设施建设对农村经济的发展有哪些影响？

项目考核

1. 选择题

（1）农产品电子商务仓储的内容不包括（　　）。

　　A. 仓库布局　　　　　　　　　B. 入库管理

　　C. 储存管理　　　　　　　　　D. 物流管理

（2）在农产品电子商务仓储中，（　　）是用于完成农产品入库前期工作（如卸货、验收等）的区域。

　　A. 储存区　　　　　　　　　　B. 收货区

　　C. 分拣区　　　　　　　　　　D. 出货区

（3）在农产品电子商务仓储中，仓库位于农产品产地附近的模式称为（　　）模式。

　　A. 产地仓　　　　　　　　　　B. 销地仓

　　C. 中转仓　　　　　　　　　　D. 前置仓

（4）下列农产品中，适合冷库储存的是（　　）。

　　A. 小麦　　　　　　　　　　　B. 谷物种子

　　C. 苹果　　　　　　　　　　　D. 红薯

（5）下列选项中，不属于农产品电子商务物流特点的是（　　）。

　　A. 服务难度较大　　　　　　　B. 时效性要求较低

　　C. 物流成本较高　　　　　　　D. 更加柔性化

（6）下列关于第三方物流模式的说法，错误的是（　　）。

　　A. 第三方物流模式是目前大多数农产品电子商务商家的选择

　　B. 第三方物流服务商不参与农产品交易，只提供专业化的物流服务

　　C. 第三方物流服务商提供的物流服务比较单一

　　D. 第三方物流服务商往往具有规模优势、渠道优势和专业优势

（7）在农产品冷链物流中，（　　）承担着农产品的储存和保管职能。

　　A. 冷链包装　　　　　　　　　B. 冷链运输

　　C. 冷链加工　　　　　　　　　D. 冷链仓储

2．判断题

（1）农产品电子商务仓储就是服务于农产品电子商务的一系列仓储活动。　（　　）

（2）在农产品电子商务仓储中，盘点与监控库存不属于储存管理的工作。　（　　）

（3）销地仓模式是一种靠近消费者的小型仓储模式，其仓库位置通常在社区周边。

（　　）

（4）采用常规储存方式储存农产品时，应注意仓库要具备良好的通风条件，避免农产品受潮发霉。　（　　）

（5）顺丰控股属于常见的第三方物流服务商。　（　　）

（6）农产品冷链物流具有运营成本高、时效性要求高、设施设备专用性强、技术复杂度高等特点。　（　　）

3．简答题

（1）简述农产品电子商务仓储的内容。

（2）常见的农产品储存方式有哪些？

（3）简述农产品冷链物流的环节。

（4）常见的农产品冷链物流服务商有哪些？

项目评价

全班学生每 3～5 人为一组，各组成员结合课前、课中和课后的学习情况，以及项目考核情况，按照表 6-2 的评价标准对本项目的学习成果进行自评和互评（组内成员互相打分），并请指导教师进行师评及总评。

表 6-2　项目评价

评价项目	评价内容	评价分数			
		分值	自评	互评	师评
知识 （60%）	农产品电子商务仓储的含义、内容和模式	10 分			
	常见的农产品储存方式	15 分			
	农产品电子商务仓储管理的内容	10 分			
	农产品电子商务物流的含义、特点和模式	10 分			
	农产品冷链物流的特点、环节和服务商	15 分			
技能 （20%）	设计仓库布局并为不同农产品选择合适的储存方式	10 分			
	为农产品电子商务企业选择物流模式和物流服务商	10 分			

表 6-2（续）

评价项目	评价内容	评价分数			
		分值	自评	互评	师评
素养（20%）	遵守课堂纪律，具有团队精神	5 分			
	具有自主学习意识，做好课前准备	5 分			
	积极参与教学活动，善于思考提问，勇于探索创新	5 分			
	细致认真，出色完成任务实施及项目考核	5 分			
合计		100 分			
总评	综合得分：_____	指导教师签字：_____			
	综合等级：_____				
总结提高	最突出的表现（优点或进步）： 还需改进的地方（缺点或不足）：				

说明：综合得分=自评（25%）+互评（25%）+师评（50%）；综合等级以"优"（综合得分≥90 分）、"良"（80 分≤综合得分＜90 分）、"中"（60 分≤综合得分＜80 分）、"差"（综合得分＜60 分）为标准进行评价。

项目七

农产品电子商务支付与客户服务

项目导读

为消费者提供安全便捷的支付方式和无微不至的客户服务，不仅可以促进农产品电子商务交易的达成，提高农产品的销量，还有助于树立农产品电子商务商家或平台的企业形象，增强市场竞争力。

学习目标

知识目标

- 熟悉农产品电子商务支付的特点和方式。
- 了解农产品电子商务支付面临的安全风险。
- 掌握农产品电子商务支付安全风险的防范措施。
- 熟悉农产品电子商务客户服务的基本要求。
- 熟悉农产品电子商务客户服务的内容。

能力目标

- 能够分析主流农产品电子商务平台支持的支付方式。
- 能够完成农产品电子商务客户服务模拟演练。

素质目标

- 具备诚实守信的基本道德品质和为数字经济时代贡献力量的奋斗意识。
- 友爱和善，真诚待人，自觉践行社会主义核心价值观。

案例导入

打造高效支付结算平台，助力"云菜出滇"

　　2024年11月，为助推云南省农产品供应链、流通链建设，华夏银行股份有限公司昆明分行作为某蔬菜交易中心上线投产的"平台通宝"系统唯一结算银行，与该蔬菜交易中心共同开展B2B支付结算业务，为"云菜出滇"搭建高效便捷的金融桥梁。

　　云南省是我国重要的蔬菜产区之一，拥有得天独厚的自然条件和丰富的蔬菜资源。近年来，"云菜出滇"战略持续推进，云南蔬菜（见图7-1）以其绿色、优质、多样的特点，在国内市场上的影响力不断扩大。

图7-1　云南蔬菜

　　作为农产品线上交易的重要环节，支付结算的效率和安全性对蔬菜交易中心的正常运营至关重要。为此，华夏银行股份有限公司昆明分行充分发挥自身的金融优势，根据交易中心线上交易支付结算需求，为其量身定制了专业的数字化金融服务方案。通过与蔬菜交易中心的紧密合作，解决了农产品线上交易过程中资金流、信息流不对称的问题，为农产品交易双方提供了优质的线上支付结算服务及可靠的金融保障。

　　下一步，华夏银行股份有限公司将以先进的金融科技为支撑，不断优化支付结算流程，提升服务质量。同时，华夏银行股份有限公司还将积极配合蔬菜交易中心，加强对交易双方的信用评估和风险管理，围绕数字金融、普惠金融，为"云菜出滇"营造更加良好的金融生态环境。

　　未来，华夏银行股份有限公司昆明分行将继续深耕实体经济，不断创新金融产品和服务，为云南蔬菜产业的发展注入新的数字金融活力，助推云南省农业现代化发展，同时将进一步聚焦农业农村重点领域，稳步加大信贷资金投入，让金融"活水"浇灌"三农"沃土，为实现乡村振兴和农业可持续发展做出更大贡献。

　　（资料来源：华夏银行股份有限公司昆明分行，《打造高效支付结算平台　华夏银行昆明分行助力"云菜出滇"》，云南网，2024年11月13日）

❓ **请思考：**

农产品电子商务支付方式有哪些？如何防范农产品电子商务支付安全风险？

任务一 认识农产品电子商务支付

任务导入

中国互联网络信息中心（CNNIC）发布的第 54 次《中国互联网络发展状况统计报告》显示，截至 2024 年 6 月，我国网络支付用户规模达 9.69 亿人，占网民整体的 88.1%。网络支付的普及为农产品电子商务的发展提供了强劲的助力。

本任务首先介绍农产品电子商务支付的基础知识，然后通过分析主流农产品电子商务平台支持的支付方式，来加深对农产品电子商务支付方式的认识。

一、农产品电子商务支付的特点

农产品电子商务支付是指在农产品电子商务交易中，交易双方通过电子支付手段进行货币支付与资金转移的过程。随着互联网的不断发展，农产品电子商务支付方式不断优化，为农产品电子商务的发展提供了更加便捷和安全的支付环境。

与传统支付方式相比，农产品电子商务支付主要具有以下几个特点。

（一）便捷性

在农产品电子商务支付过程中，交易双方只需要借助可以连接网络的计算机、智能手机、平板电脑等设备，就可以随时随地完成货款的支付与结算，大幅提高了交易的便捷性。此外，农产品电子商务支付的方式多种多样，交易双方可以根据自身的需求进行选择，进一步提升了支付的便捷性。

（二）高效性

农产品电子商务支付是基于互联网的支付活动，其支付系统充分应用了各类先进的支付技术及算法，能够快速响应消费者的支付请求，并在短时间内完成支付确认及资金划转，从而提升整个交易流程的效率。

（三）安全性

农产品电子商务支付系统通常会采用多种安全防护措施，如使用加密技术、数字签名，安装入侵检测系统、防火墙，设置多层次的身份认证等，以确保支付环境安全及支付过程中交易双方的资金安全。

二、农产品电子商务支付的方式

农产品电子商务支付的方式主要有网上银行支付、第三方支付和移动支付。

（一）网上银行支付

网上银行也称网络银行，是指银行通过互联网建立的交易和服务平台，可在线为客户提供开户、查询、对账、转账、信贷、投资理财等服务项目，使客户随时随地都能获得全方位、个性化的银行服务。通俗地说，网上银行就是银行在互联网上开设的虚拟银行柜台。图 7-2 为中国农业银行的官方网站首页，点击"个人网银登录"按钮并进行登录操作可进入个人网上银行页面。

图 7-2　中国农业银行的官方网站首页

网上银行支付的过程非常简单：消费者在电子商务平台购买农产品时，选择网上银行支付方式，商家便会向消费者指定的银行发起支付请求，且页面会跳转至该银行的网上银行页面。消费者下载安全控件后登录网上银行账户，确认支付指令，网上银行将支付指令通过支付网关传送给银行金融网络系统，银行金融网络系统按照支付指令将消费者账户内的资金划拨至商家账户，商家账户收款后将到账信息发送给商家，之后商家便可向消费者交付农产品。使用网上银行进行在线支付的一般流程如图 7-3 所示。

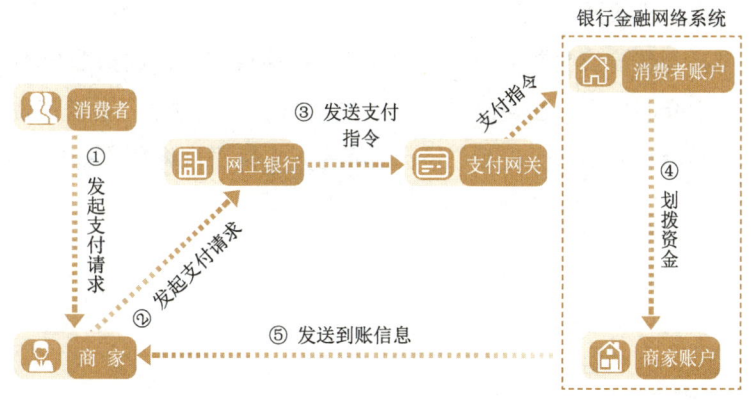

图 7-3　网上银行支付的一般流程

知识链接

支付网关是银行金融网络系统和互联网之间的接口，是由银行操作、将互联网上传输的数据转换为银行金融网络系统内部数据的一组服务器设备。可以说，离开了支付网关，网上银行的支付功能就无法实现。

（二）第三方支付

第三方支付是指具备一定实力和信誉保障的独立机构通过与银行支付结算系统接口对接，为用户提供支付服务，进而方便交易双方快速达成交易的网络支付方式。在这种支付方式下，提供支付服务的独立机构通常称为第三方支付平台。

小提示

由于第三方支付平台不涉及资金的所有权，只是起到资金中转的作用，所以称为"第三方"。

1. 第三方支付模式

第三方支付主要为虚拟账户支付模式。在第三方支付模式下，第三方支付平台会为用户提供一个类似于普通银行账户的虚拟账户，这个虚拟账户可以与众多不同的银行账户进行绑定或对接，用户可以采用协议代扣的方式，授权第三方平台划转自己银行卡内的资金（快捷支付），也可以通过银行卡向虚拟账户充值。用户在网上的支付交易可在用户的虚拟账户之间完成，也可在虚拟账户与银行账户之间完成。

根据虚拟账户的功能不同，可将虚拟账户支付模式分为担保型虚拟账户支付模式和非担保型虚拟账户支付模式两种。

（1）担保型虚拟账户支付模式（间付模式）。在该模式下，虚拟账户不仅负责资金流转，还起到信用中介的作用。在交易过程中，先由第三方支付平台暂替消费者保存货款，待消费者收到交易商品并确认无误后，再委托第三方支付平台将货款支付给商家，如图7-4所示。

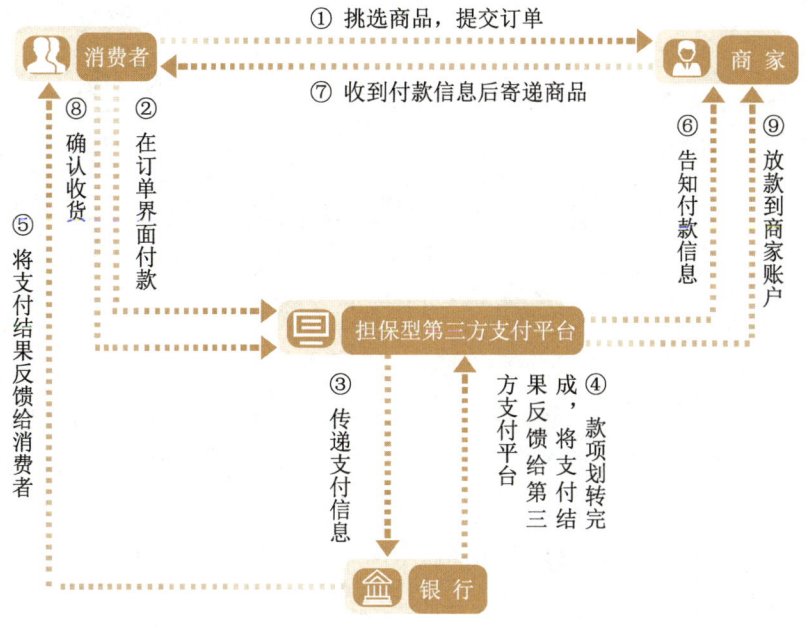

图 7-4　担保型虚拟账户支付模式

（2）非担保型虚拟账户支付模式（直付模式）。在该模式下，虚拟账户只负责资金的暂时存放和转移，不具备信用中介等其他功能。在交易过程中，第三方支付平台先根据支付信息将资金从消费者银行账户转移到消费者虚拟账户，再从消费者虚拟账户转移到商家虚拟账户，并最终划付到商家银行账户。整个交易过程对交易双方而言，都是通过虚拟账户进行操作并实现的。非担保型虚拟账户支付模式的支付流程相比担保型少了图 7-4 中的第⑥步和第⑧步，其他基本一致。

虚拟账户支付模式解决了交易过程中信息不对称的问题，具有很多优点。例如，通过虚拟账户可对消费者和商家的银行账号、密码等进行屏蔽，交易双方无法得知对方的此类信息，由此减少了用户账户机密信息暴露的机会；虚拟账户可为电子商务交易活动提供信用担保，由此解决了互联网支付的信用缺失问题。

2. 主流的第三方支付平台

目前，主流的第三方支付平台有支付宝、微信支付等。

（1）支付宝。支付宝成立于 2004 年，是全球领先的第三方支付平台。它不仅为用户提供了便捷的支付手段，更为广大商家提供了全方位的支付、营销推广、风险管理与安全保障等增值服务。这些服务不仅极大地提升了商家的交易效率，还有效地降低了其运营成本。例如，在支付产品方面，支付宝为商家提供了多样化的选择，如图 7-5 所示。

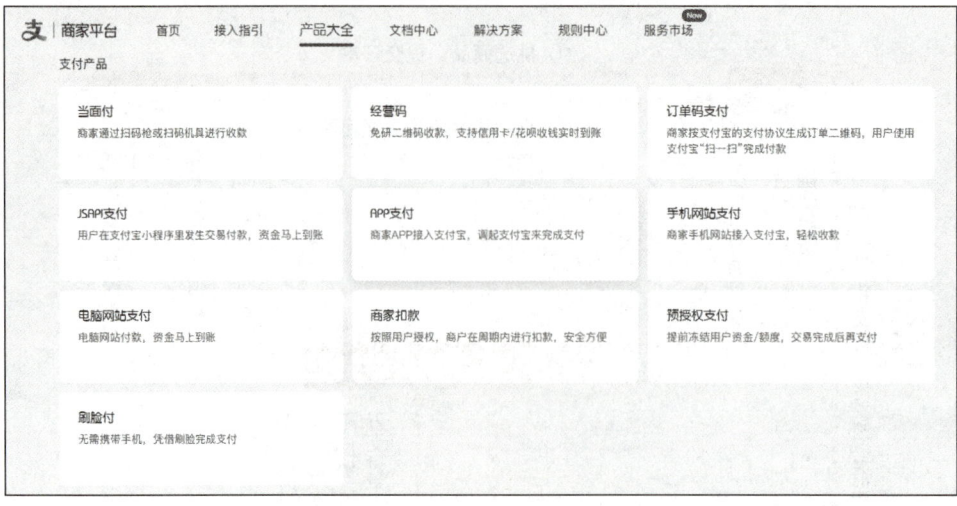

图 7-5　支付宝为商家提供的支付产品

（2）微信支付。微信支付是腾讯集团旗下的第三方支付平台，致力于为用户和商家提供安全、便捷、专业的在线支付服务。它以"微信支付，不止支付"为核心理念，不仅为用户构建了多元化的便民服务与丰富的应用场景，还为商家提供了专业的支付产品（见图 7-6）、高效的运营工具、灵活的资金结算方案和全方位的安全保障体系。

图 7-6　微信支付为商家提供的支付产品

（三）移动支付

移动支付是指允许用户使用移动终端设备（通常是智能手机）对所购买的商品或服务进行费用结算的网络支付方式。移动支付将电子商务平台、互联网、移动终端设备、金融机构等有效地结合起来，形成了一个新型支付体系。

随着智能手机的普及，移动支付目前已逐渐成为农产品电子商务的主流支付方式之一。根据提供移动支付服务的主体不同，可以将移动支付服务分为以下几类。

（1）由电子商务平台提供的移动支付服务，如美团的美团支付、拼多多的多多钱包、京东商城的京东支付等。这类移动支付服务通常只能在该移动支付服务所属的电子商务平台上使用。

（2）由第三方支付平台提供的移动支付服务，如微信支付、支付宝 App（见图 7-7）支付等。这类移动支付可以在线上和线下多个平台上使用。

（3）由银行及金融机构提供的移动支付服务，如由各商业银行、产业各方与中国银联共建共享的云闪付 App（见图 7-8），各手机银行 App 等。这类移动支付也可以在线上和线下多个平台上使用。

（4）数字人民币。数字人民币是由中国人民银行发行的数字形式的法定货币，由指定运营机构参与运营并向公众兑换，与实物人民币等价。数字人民币 App（见图 7-9）是数字人民币的官方服务平台，截至 2024 年 7 月末，数字人民币 App 累计开立个人钱包 1.8 亿个，试点地区累计交易金额 7.3 万亿元。

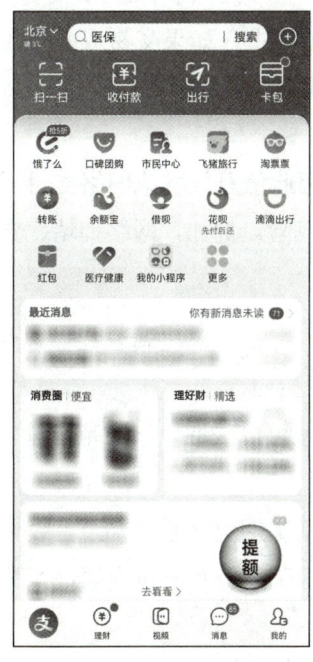

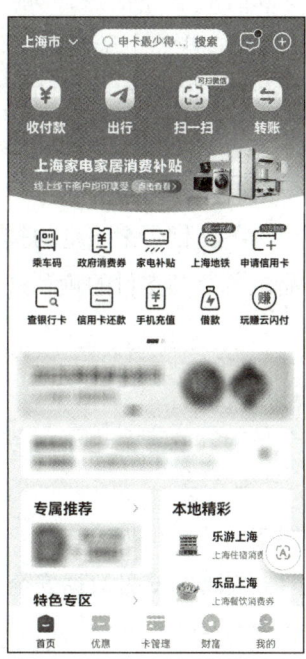

图 7-7　支付宝 App 首页　　　图 7-8　云闪付 App 首页　　　图 7-9　数字人民币 App 首页

三、农产品电子商务支付安全风险的防范

随着农产品电子商务的快速发展，其支付安全风险也日益凸显。如何防范农产品电子商务支付安全风险成为农产品电子商务商家必须考虑的问题。

（一）农产品电子商务支付面临的安全风险

农产品电子商务支付面临的安全风险主要包括以下几个方面。

1. 信息安全风险

信息安全风险是农产品电子商务支付面临的主要风险之一。例如，黑客攻击、网络病毒感染等可能导致交易双方的支付信息泄露，威胁资金安全。此外，交易双方信息安全意识不足，使得自身或对方的支付信息泄露或被第三方非法使用，也会给农产品电子商务支付带来一定的信息安全风险。

2. 信用风险

在农产品电子商务交易过程中，交易双方难以直接判断对方的信用状况，这种信任缺失可能导致农产品电子商务商家提供不符合质量安全要求的农产品，或者消费者拖延支付或拒绝支付的情况出现，从而给对方造成一定的损失。

3. 法律风险

农产品电子商务支付涉及多方面的法律法规，如《中华人民共和国电子商务法》《中华人民共和国电子签名法》等。在农产品电子商务支付过程中，如果交易双方对相关法律法规的认识、理解和执行不到位，可能存在一定的法律风险。

4. 技术风险

农产品电子商务支付依赖于信息技术和网络支付平台，因此信息技术或网络支付平台的技术缺陷或故障会给农产品电子商务支付带来一定的技术风险。例如，网络拥堵、支付系统崩溃等问题都可能影响农产品电子商务支付的顺利进行。

（二）农产品电子商务支付安全风险的防范措施

针对农产品电子商务支付安全风险，农产品电子商务商家可以采取以下防范措施。

1. 加强支付系统的安全性

农产品电子商务商家应加强对支付系统的安全维护，包括定期更新系统补丁、设置多层次的身份认证等。同时，还要建立完善的支付数据安全管理制度，对支付数据进行分类管理和备份，从而提高支付系统的安全性。

2. 选择可信赖的第三方支付机构

农产品电子商务商家在选择第三方支付机构时，应注重第三方支付机构的安全性和信誉度，选择具备严密的支付数据保护机制和风险管理体系的第三方支付机构，并且在签署合作协议时应明确双方的责任和义务。

3. 学习并遵守相关法律法规

农产品电子商务商家在经营过程中，应熟悉与农产品电子商务支付相关的法律法规，并严格遵守相关法律法规的要求，从而维护市场秩序、保障消费者权益，切勿为了追求支付的便利性及其所带来的利益，损害消费者的合法权益。

任务实施——分析主流农产品电子商务平台支持的支付方式

任务背景

在数字经济的浪潮中，电子商务平台的支付便捷性已成为衡量用户购物体验的重要标尺。2024 年 10 月末，我国知名电子商务平台京东商城宣布了一项重大更新——全面支持微信支付与支付宝支付功能。不同电子商务平台与支付工具之间的壁垒一直是影响用户购物体验的关键因素之一。京东商城此次全面接入微信支付与支付宝支付，打破了原有的支付限制，让用户可以根据自己的偏好和习惯选择最合适的支付方式。

下面我们通过分析京东 App 和拼多多 App 支持的支付方式，来更为直观地了解农产品电子商务支付方式。

任务内容

（1）全班学生以 3～5 人为一组进行分组，各组选出组长。以小组为单位，组内成员分工协作。

（2）在京东 App 上选择一款水果产品，点击"立即购买"按钮进入支付流程，在支付界面（见图 7-10）查看京东 App 支持的支付方式。

① 点击"换卡支付"按钮，查看京东支付的付款方式（因人而异，取决于消费者绑定的银行卡），如图 7-11 所示。

② 关闭京东支付的付款方式界面，点击"展开好友代付等方式"按钮，查看其他支付方式，如图 7-12 所示。

（3）任选几种京东 App 支持的支付方式，将它们的类型和优点填入表 7-1 中。

（4）采用相同的方法查看拼多多 App 支持的支付方式，并任选几种支付方式，分析它们的类型和优点。

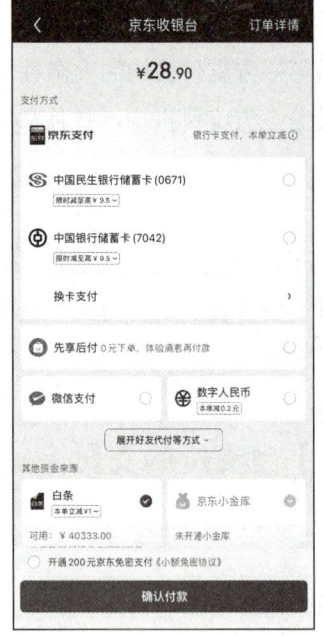 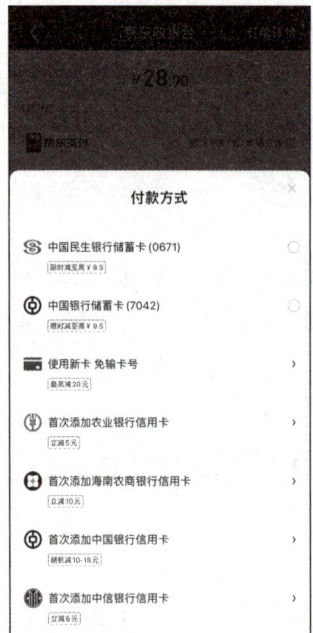 

图 7-10　京东 App 的支付界面　图 7-11　京东支付的付款方式　图 7-12　京东 App 支持的其他支付方式

表 7-1　京东 App 支持的支付方式

支付方式	类　型	优　点
微信支付	移动支付	采用多重安全保障措施，确保消费者支付过程中的资金安全；支付过程更加流畅，优化消费者的支付体验；经常推出支付立减的优惠活动，消费者可以享受到额外的优惠；交易记录可追溯，消费者可以在微信上查看交易详情等

任务二　认识农产品电子商务客户服务

任务导入

　　客户服务是农产品电子商务商家面向消费者的窗口，对消费者的购物体验有着直接的影响。高质量的客户服务能够提高消费者的满意度，促进交易的达成，提高农产品的复购率。

　　本任务首先介绍农产品电子商务客户服务的基础知识，然后通过模拟演练农产品电子商务客户服务，来加深对农产品电子商务客户服务的认识。

一、农产品电子商务客户服务的基本要求

　　农产品电子商务客户服务是指客服人员基于互联网和农产品电子商务平台，以消费者为中心，开展咨询接待、订单处理、售后服务和客户关系维护等一系列服务活动。从广义上讲，在农产品电子商务活动中，能够提高消费者满意度的服务活动都属于农产品电子商务客户服务的范畴。

　　农产品电子商务客服人员与实体店的导购员类似，但农产品电子商务客服人员的工作环境、服务媒介等与实体店的导购员又有一定的差异，并对客服人员的知识、能力和素质提出了更高的要求。具体来说，农产品电子商务客户服务的基本要求如图7-13所示。

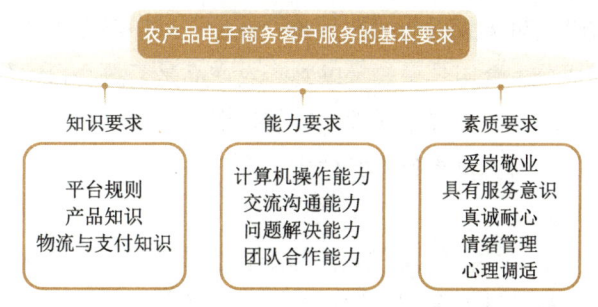

图7-13　农产品电子商务客户服务的基本要求

（一）知识要求

　　农产品电子商务客户服务的知识要求是指客服人员应了解的与农产品电子商务客户服务相关的知识，包括平台规则、产品知识、物流与支付知识等。

1. 平台规则

客服人员应掌握不同电子商务平台的服务规范、争议处理规则、违规处理规则、超时

规则和退货规则等，以规范自身的语言和行为，提升服务质量。例如，图7-14为淘宝网的卖家客户服务规范。

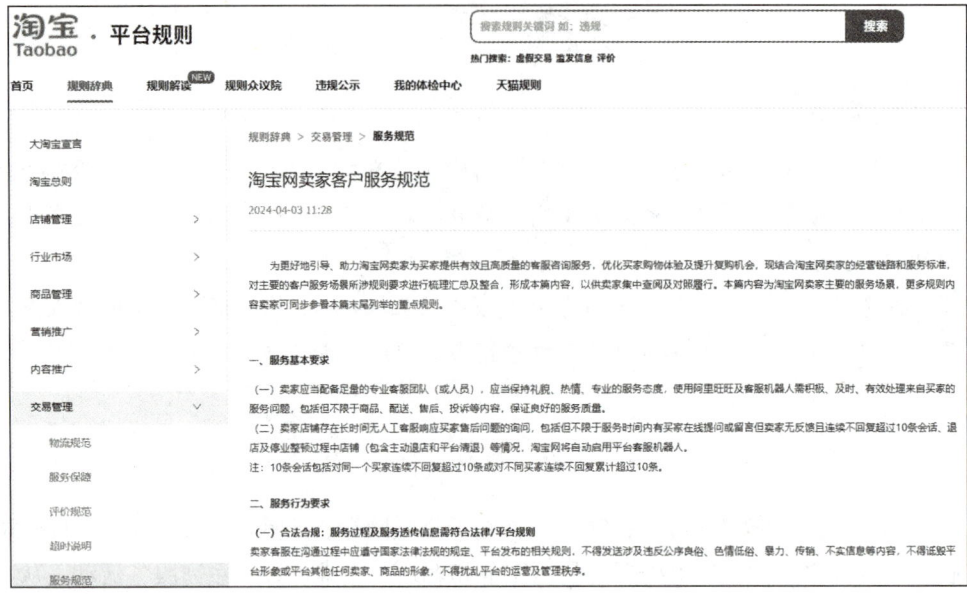

图7-14　淘宝网的卖家客户服务规范

2．产品知识

在农产品电子商务活动中，消费者与客服人员的沟通大部分围绕农产品展开，因此客服人员应熟知农产品的相关知识，这样才能及时解答消费者的疑问，顺利引导消费者下单。

具体来说，农产品的相关知识包括农产品的基本属性、产品特色、对储存环境的要求和使用方法，以及有哪些可关联销售的产品等。例如，对于可食用的农产品，消费者往往会关心农产品的营养成分、食用禁忌等，以判断农产品是否符合自己的需求。客服人员应准确、熟练回答相关问题，凸显其专业性，以使消费者产生信任感。此外，客服人员还可以根据消费者对农产品的营养需求推荐其他农产品。

3．物流与支付知识

在农产品电子商务活动中，物流和支付都是影响消费者购物体验的关键环节。因此，客服人员应熟悉物流运输的基本流程和注意事项，了解各种支付方式的特点和使用方法，以便为消费者提供物流和支付方面的解答和帮助。

（二）能力要求

农产品电子商务客户服务的能力要求是指客服人员应具备的计算机操作、交流沟通、问题解决、团队合作等方面的能力。

1. 计算机操作能力

计算机操作能力主要包括快速打字、熟练操作各类客户服务软件等。其中，客服人员的打字速度一般不得低于每分钟50字（每分钟50~80字为中速，每分钟80~120字为快速），客服人员可以根据此标准反复练习打字，以提升打字速度，减少消费者的等待时间。同时，客服人员应熟悉各类客户服务软件，如在线客服系统、客户关系管理系统等，以提高工作效率和服务质量。

2. 交流沟通能力

作为商家面向消费者的窗口，交流沟通能力是客服人员最基本的能力之一。客服人员应具备良好的语言组织和表达能力，能够清晰、准确地回答消费者的问题。此外，客服人员还应具备良好的倾听能力，正确理解消费者的需求和问题，及时捕捉消费者的情感变化，并提供有效的反馈。

在与消费者沟通时，客服人员应使用礼貌、专业的语言，同时使用积极主动的表述，如"尽快为您处理""为您查询一下"，避免使用"不知道""处理不了"等否定性的表述，以传达积极的工作态度，在消费者心中树立良好的形象。

3. 问题解决能力

客服人员在接待消费者的过程中，除了产品咨询等常规问题，还会碰到一些突发事件或消费者的突发行为。这就需要客服人员具备一定的问题解决能力，能够迅速判断消费者问题的类型和严重程度，并针对不同问题快速给出多种可行的解决方案。

4. 团队合作能力

客服人员在与消费者沟通时，可能会遇到超出自身能力范围的问题，这就需要客服人员具备一定的团队合作能力，并在必要时能够向团队成员寻求帮助，共同寻找解决方案。此外，客服人员还应与团队成员保持密切沟通，确保信息及时传递和共享，以提高团队整体服务质量和效率。

 小提示

随着人工智能（AI）技术在电子商务领域的深入应用，电子商务客户服务工具也呈现出智能化发展趋势。为此，客服人员应具备AI应用能力，能够利用智能客服和AI写作工具等提高自身的客户服务水平和效率。

超高满意度的秘密

（1）智能客服。客服人员可以通过设置关键词和规则，构建智能客服的知识库，从而让智能客服全天候自动回复消费者的问题，这样不仅可以提高客服人员的服务效率，还可以节约人力成本。

（2）AI写作工具。客服人员可以利用AI写作工具（如文心一言、豆包等）快速撰写产品介绍、常用沟通话术和常见咨询问题回复等，从而提高工作效率。

（三）素质要求

农产品电子商务客户服务的素质要求是指客服人员在开展客户服务活动过程中应具备的素质，如爱岗敬业、具有服务意识、真诚耐心、情绪管理、心理调适等。

1. 爱岗敬业

客服人员只有做到爱岗敬业，才能更好地保障消费者的权益，进而增强消费者对农产品电子商务商家的信任。而要做到爱岗敬业，客服人员需始终保持认真负责的工作态度，积极主动地处理消费者的问题，并为消费者提供合理、及时、专业的解决方案。同时，客服人员还应主动思考如何优化工作流程和服务流程，以提高自身工作效率和服务质量。

2. 具有服务意识

客户服务工作的核心在于"服务客户"。因此，具有服务意识的客服人员能够始终把消费者的需求和满意度放在首位，并以积极主动、热情周到的态度为消费者提供优质的服务。当消费者咨询问题时，客服人员应尽快回复，避免消费者因等待时间过长而产生抱怨、不满等情绪。

3. 真诚耐心

真诚耐心的服务态度能够给消费者留下良好的印象，这对于提升消费者满意度、建立企业良好形象及促进业务长期发展具有重要意义。客服人员每天都会面对形形色色的消费者，无论是哪种消费者，客服人员都应耐心地倾听消费者的诉求，细致地分析问题，努力为每一位消费者提供令其满意的服务。

4. 情绪管理

客服人员在为消费者提供服务的过程中，常常会面临各种心理压力，没有良好的心理素质将很难做好客户服务工作。尤其是一些消费者可能会抱怨甚至辱骂客服人员，在这种情况下，客服人员更要管理好情绪，并以专业、耐心的态度与消费者沟通，及时解决问题或提供解决方案，并尽力将消费者的负面情绪转化为正面评价。

5. 心理调适

在农产品电子商务客户服务工作中，客服人员不可避免地会面临各种困难和挫折，如沟通不畅、促销期间工作量骤增、被投诉等，这就需要客服人员具备一定的抗压能力，能够及时调整好心态，确保以专业且积极的态度维持高效的工作状态。

二、农产品电子商务客户服务的内容

一般来说，农产品电子商务客户服务按照服务的时序可以分为售前服务、售中服务和售后服务。

（一）售前服务

售前服务是指在消费者做出消费决策之前所开展的一系列刺激消费者购买欲望的服务活动。其主要目的是协助消费者挑选农产品，最大限度地满足消费者的需求，从而促进农产品交易的达成。售前服务的内容主要包括售前答疑、推荐产品和促成订单等。

（1）售前答疑。售前答疑主要解决消费者在下单前对产品、促销活动、库存、物流等信息的疑问。接待消费者时，客服人员应保持热情、耐心和周到的服务态度，确保客户对产品有充分的了解，最大限度地获得消费者的信任，为消费者做出消费决策创造条件。

（2）推荐产品。在售前答疑过程中，客服人员还要主动挖掘消费者的潜在需求，向消费者推荐合适的产品，并通过突出产品的卖点和优势等引起消费者的购买欲望，提高消费者的满意度和购买转化率。

（3）促成订单。在售前服务中，客服人员应密切关注消费者的下单状态，当消费者犹豫不决时，可以通过给予限时优惠、简化购买流程、分享产品好评等方式，刺激消费者的购买欲望，进而推动订单成交。

课堂讨论

小江在江西省工作，春节将至，他准备在网上购买一些江西特色农产品，寄回外省老家送给父母。于是小江询问店铺客服人员，是否有适合中老年人的特色农产品，并说明父母牙齿不好，太酸太甜的都吃不了。

售前服务怎么做更好

客服人员小李：有的有的，XX 产品在中老年群体中非常受欢迎，别家店铺过节都涨价了，只有我家还是原价。

客服人员小王：有的有的，XX 产品在中老年群体中非常受欢迎，酸甜适度，入口即化，非常适合牙齿不好的老年人食用。

客服人员小赵：有的有的，XX 产品在中老年群体中非常受欢迎，难得过年回家，孝敬父母是应该的，我给您打个九折，算是对老人的一点心意。另外，店铺中还有适合老年人吃的南瓜干，无蔗糖、无添加，喜欢的话可以一起带走，这样还能参加店铺满减活动，价格更加优惠呢！

上述 3 名客服人员的表现如何？请和身边的同学讨论一下，说一说他们各自的优缺点。

（二）售中服务

售中服务是指在消费者下单后到消费者收到农产品前这一阶段开展的一系列服务活动，其内容主要包括核实订单信息、跟踪订单状态、回复咨询问题、处理订单变更等。

（1）核实订单信息。当消费者下单后，客服人员需要与消费者核实订单信息，确保订单信息准确无误。

（2）跟踪订单状态。客服人员应注意跟踪订单状态，确保订单按时发货，并及时通知消费者订单的物流信息。

（3）回复咨询问题。客服人员应及时回复消费者关于订单状态（如是否已全部发货）、物流信息等方面的问题。例如，当遇到物流延迟等情况时，客服人员应及时向消费者解释并安抚消费者的情绪。

（4）处理订单变更。如果消费者需要修改订单信息（如收货地址、联系方式、产品款式等），客服人员应及时协助处理。

（三）售后服务

售后服务是指在消费者收到农产品后，客服人员为消费者提供的一系列服务活动，其内容主要包括退换货处理、投诉处理、售后咨询、售后回访等。

（1）退换货处理。客服人员应熟悉退换货的条件和流程，及时处理客户的退换货请求。例如，当消费者收到的农产品出现损坏、变质或与描述不符等情况时，应及时为消费者提供退换货服务。如果确实是商家的责任，一般由商家承担退换货运费。

（2）投诉处理。客服人员应认真对待消费者的投诉，无论是对农产品的质量、包装、物流等的不满，还是对客服人员态度的不满，客服人员都要认真回应并提供合理的解决方案。例如，当消费者投诉物流时间过长导致收到的农产品变质时，客服人员要迅速调查核实，及时向消费者道歉并给予合理补偿，如退款、补发产品或赠送优惠券等。

 课堂讨论

下面是几个常见的农产品售后情境，请和身边的同学讨论一下，如果你是客服人员，应该怎么应对。

情境一：消费者收到农产品时，发现包装破损，导致农产品出现损伤、腐烂或变质等情况，并且在未与客服人员沟通的情况下直接给予了差评。

情境二：消费者收到农产品时，认为农产品重量、大小、颜色等与描述或图片展示有显著差异，与客服人员沟通后要求无条件退货。

情境三：农产品到达消费者收货地址后，由于消费者未及时取货或正确储存，导致收到的农产品不新鲜或错过最佳食用期，消费者据此要求换货。

情境四：消费者在售后过程中，遇到客服态度冷淡、回复不及时或问题没有得到有效解决等情况，所以在订单评价时给予了差评。

（3）售后咨询。客服人员应正确回答消费者关于农产品食用方法、加工方法、储存方

式等问题，确保消费者能够正确使用或储存农产品。

（4）售后回访。客服人员应不定期回访消费者，了解消费者对产品和服务的满意度，收集消费者的反馈和建议，以便不断改进产品和服务质量。

（四）客户关系管理

客户关系管理（CRM）是指企业通过技术手段对客户数据进行收集、分析和管理，以实现与客户的长期、稳定和有价值的关系。客户关系管理旨在通过优化客户体验，提高客户的满意度和忠诚度，进而提升企业的竞争力。

在农产品电子商务领域，客户关系管理的内容主要包括客户信息管理、客户满意度管理和客户忠诚度管理。

1．客户信息管理

客户信息管理是客户关系管理的基础，主要包括客户基本资料管理、客户消费信息管理、客户信用管理、客户流失信息管理、客户互动记录管理、客户分级信息管理、大客户信息管理及潜在大客户信息管理等内容。

2．客户满意度管理

客户满意度是指客户购买和使用产品或服务后的心理状态，是对产品或服务满足其期望程度的评价。客户满意度用公式可表示为

客户满意度=客户体验−客户期望

当客户对产品或服务的体验达到自己的期望时，客户会感到满意，可能会重复购买产品或服务；当客户的体验超出自己的期望时，客户会感到"物超所值"，就会有更大概率重复购买产品或服务；当客户的体验小于自己的期望时，客户就容易抱怨或投诉，同时更小概率重复购买产品或服务。

客户满意度直接影响着客户的忠诚度、口碑传播及企业的市场份额和竞争力。要提高客户满意度，农产品电子商务商家可以采取以下措施。

（1）把握客户期望。客户期望是指客户在购买产品或服务之前，内心对产品或服务的预期。客户期望受到自身购买产品的经验、身边人的评价、互联网上发布的广告，以及商家对产品价值或功能上的承诺等的影响。根据客户满意度的计算公式，降低客户期望可以提高客户满意度，但也有可能抑制客户的消费意愿；提高客户期望虽然可以提升客户的消费意愿，但如果产品或服务质量不过硬，客户体验变差，客户满意度还是会降低。因此，农产品电子商务商家需要适度把握客户期望，以便针对性地提供满足客户需求的产品或服务。

（2）提升客户体验。根据客户满意度的计算公式，如果客户期望不变，那么提升客户体验也可以提高客户满意度。客户体验是客户根据自己与企业的互动产生的，要想提升客户体验，农产品电子商务商家势必要在产品、服务、物流等方面有上佳的表现。因此，企

业在与客户的每次互动中，都应尽可能地提升客户体验。

3. 客户忠诚度管理

客户忠诚度是指客户对某一品牌或企业形成的信任、依赖和持续购买的一种情感和行为倾向。这种倾向表现为客户在面临多种选择时，会倾向于重复并持续选择该品牌或企业的产品或服务，甚至愿意主动向他人推荐该品牌或企业。

客户忠诚度体现了客户对品牌或企业的认同和信赖，是企业获得持续竞争优势的关键因素之一。要提高客户忠诚度，农产品电子商务商家可以采取以下措施。

（1）提高客户满意度。客户满意度越高，他们重复购买农产品的次数就越多。例如，京东商城通过自营物流模式向消费者提供了优质的物流服务，很多消费者为了享受优质的物流服务会选择一直在京东商城购买农产品。

（2）注重客户关怀。客户关怀是指企业为了与客户建立长期、稳定的关系，通过了解客户的需求和期望，为其提供持续的、差异化的产品和服务，从而增强客户满意度和忠诚度的一系列活动。例如，农产品电子商务商家可以在节假日给客户发送祝福或问候短信，与消费者保持联系；根据客户的喜好和需求，提供个性化的产品和服务，如定制化的产品、专属的优惠活动等。

 课堂讨论

XX 鲜花网店精心制订了一份客户关怀计划，如表 7-2 所示。请同学们讨论一下这份客户关怀计划是否具有有效性和可持续性，并思考还可以采取哪些关怀措施。

表 7-2　客户关怀计划

客户关怀环节	具体措施	实施细节	目　标
节日活动关怀	举办节日活动，提供特别优惠	在重要节日或特殊时期，举办节日活动，提供特别的优惠和礼品	吸引客户参与，提高客户的购买频率和满意度
客户生日关怀	赠送生日鲜花或优惠券	在客户生日时，赠送一束精美的鲜花或一张优惠券，以表达店铺的关怀和感谢	增强客户的归属感和忠诚度
客户反馈关怀	积极收集和处理客户反馈	通过问卷调查、在线评价等方式，积极收集客户的反馈意见和建议，并对客户的反馈进行及时处理和改进	了解客户的需求和期望，不断改进和优化店铺的运营

（3）提高转换成本。转换成本是企业设置的客户退出壁垒。客户如果要舍弃当前的产品或服务，必定要付出代价，如果这种代价是客户不愿意承受的，客户就可能会留下来。例如，农产品电子商务商家可以为老客户设定不同等级的 VIP 会员，客户消费金额越高，享受的折扣就越大。客户如果要更换购买渠道，就必须考虑失去折扣权益所造成的损失。

 课堂讨论

请登录招聘网站（如智联招聘），查看并汇总电子商务客服的工作内容和岗位要求，然后与身边的同学讨论这一岗位的核心要点。

 ## 任务实施——农产品电子商务客户服务模拟演练

任务背景

当前，电子商务市场的发展日趋成熟，消费者在市场中的核心地位愈加稳固，消费者的购物体验受到空前重视。作为农产品电子商务商家面向消费者的窗口，客户服务的重要性日益凸显。为了提升农产品电子商务客户服务的质量，提升消费者的购物体验，特组织本次"农产品电子商务客户服务模拟演练"。本次演练旨在通过角色扮演的方式，来深入理解农产品电子商务客户服务的流程，掌握售前咨询、订单处理、售后支持等关键环节的服务技巧，同时培养团队合作与应变能力。

任务内容

（1）分组与资料搜集：全班学生以 5 人为一组进行分组，各小组提前收集常见的农产品类型（如水果、蔬菜、干货等）的相关信息，包括产品特点、种植或养殖方式、储存方法、食用方法等。

（2）场景设定：教师提供一些常见的客户服务场景示例，如产品质量问题反馈、物流配送咨询、产品选购建议等，供各小组参考。

（3）角色设定：以小组为单位，组内成员进行角色分配，包括消费者、售前客服、售中客服、售后客服、物流配送专员。

（4）模拟演练：

① 各组自行选择农产品类型，由消费者根据生活经验和给定的场景提出客户服务需求，相应客服人员进行回复，回复过程中要做到礼貌用语、耐心倾听、准确解答等。

② 模拟演练过程中，同学们可以自由发挥，创设更多丰富的情境，如消费者对农产品的产地有特殊要求、对价格优惠有疑问等。

③ 一轮模拟演练结束后，各小组之间交换农产品类型，或组内成员交换角色设定，继续进行模拟演练。

（5）演练总结与反馈：

① 每组需提交一份演练总结报告，具体如表 7-3 所示。

表 7-3　演练总结报告

亮　点	不　足	遇到的挑战	解决方案

② 教师及同学对每组角色扮演的表现进行评价，重点关注客服人员的服务态度、沟通技巧、问题解决能力及团队合作能力等方面。

③ 根据评价结果，各组需提出合理的改进措施，以提升客户服务质量。

拓展阅读

数字人民币助力乡村振兴

2024 年 12 月，中国农业银行青岛分行在数字人民币应用领域取得了新的进展，成功落地"农·担智贷"数字人民币智能合约。这一创新不仅为企业和农户之间的资金流转提供了新的解决方案，也为乡村振兴注入了新动能。

在首笔交易中，青岛胶州市的一家企业成功向农户迟某拨付货款 2 万元，其中 7 265.7 元通过数字人民币智能合约进行控制，优先用于偿还该农户的银行贷款。这一机制有效降低了因农户挪用待还款资金而产生的贷款损失风险，对于推动农业产业链的融资效率具有重要意义。

作为服务"三农"的重要机构，中国农业银行青岛分行积极响应乡村振兴战略，通过"农·担智贷"业务，探索数字人民币在农业融资中的新模式。该行与青岛市某融资担保有限责任公司合作，充分利用数字人民币的安全性、高效性和低成本等优势，对资金流向进行精细管理，确保资金的高效使用。

数字人民币作为一种新兴的支付手段，其智能合约技术为金融服务的透明性和安全性提供了保障。通过智能合约技术，银行能够实时监控资金流向，确保每一笔资金都能按照预期用途使用。这种精准的资金流向管控对于今后的农村金融服务领域无疑将产生深远的影响。

此外，中国农业银行青岛分行还借助智能合约技术，推动了多项数字人民币相关服务在农业领域的落地，包括农业融资担保费的缴纳及城乡居民的保险费用支付。通过这些服务，中国农业银行不仅提升了财政流转效率，更为地方经济的数字化转型提供了实实在在的支持。

在未来，"农·担智贷"不仅限于解决企业与农户之间的款项支付问题，还有望在个人客户的贷款、补助资金的定向拨付场景中发挥重要作用。随着"农·担智贷"的应用范

围不断扩大，中国农业银行将能更好地服务于农村经济和支付环境，进一步提升金融服务的质量和效率。

3～5人一组，在网上查找资料并结合上述材料，讨论以下问题。

（1）我国在移动支付方面有哪些成就？

（2）数字人民币有哪些特点？

（3）哪些农产品电子商务平台支持数字人民币？

项目考核

1. 选择题

（1）下列选项中，不属于农产品电子商务支付特点的是（　　）。

A．便捷性 　　　　　　　　　　B．高效性

C．支付的参与方更少 　　　　　D．安全性

（2）在第三方支付中，由（　　）为用户提供支付服务。

A．具备一定实力和信誉保障的独立机构

B．规模较大的商业银行

C．具备一定实力和信誉保障的电子商务平台

D．具备一定实力和信誉保障的金融机构

（3）（　　）是腾讯集团旗下的第三方支付平台，致力于为用户和商家提供安全、便捷、专业的在线支付服务。

A．支付宝 　　　　　　　　　　B．微信支付

C．京东支付 　　　　　　　　　D．美团支付

（4）使用数字人民币支付属于（　　）。

A．网上银行支付 　　　　　　　B．第三方支付

C．移动支付 　　　　　　　　　D．以上都不是

（5）农产品电子商务支付面临的安全风险包括（　　）。

A．信息安全风险 　　　　　　　B．信用风险

C．法律风险 　　　　　　　　　D．以上都是

（6）下列选项中，属于售前服务内容的是（　　）。

A．促成订单 　　　　　　　　　B．处理订单变更

C．退换货处理 　　　　　　　　D．投诉处理

（7）下列选项中，（　　）不属于客户关系管理的内容。

A．客户信息管理 　　　　　　　B．客户订单管理

C．客户满意度管理 　　　　　　D．客户忠诚度管理

2. 判断题

（1）网上银行就是银行在互联网上开设的虚拟银行柜台。　　　　　　（　　）

（2）第三方支付平台主要采用虚拟账户支付模式。　　　　　　　　　（　　）

（3）微信支付属于由电子商务平台提供的移动支付服务。　　　　　　（　　）

（4）网络支付平台的技术缺陷或故障会给农产品电子商务支付带来一定的信用风险。

　　　　　　　　　　　　　　　　　　　　　　　　　　　　　　　　（　　）

（5）从广义上讲，在农产品电子商务活动中，能够提高消费者满意度的服务活动都属于农产品电子商务客户服务的范畴。　　　　　　　　　　　　　　　（　　）

（6）售后服务是指在消费者下单后到消费者收到农产品前这一阶段开展的一系列服务活动。　　　　　　　　　　　　　　　　　　　　　　　　　　　（　　）

（7）客户忠诚度是指客户对某一品牌或企业形成的信任、依赖和持续购买的一种情感和行为倾向。　　　　　　　　　　　　　　　　　　　　　　　（　　）

3. 简答题

（1）简述第三方支付中虚拟账户支付模式的类型。

（2）列举目前主流的第三方支付平台。

（3）简述农产品电子商务客户关系管理的主要内容。

项目评价

全班学生每 3～5 人为一组，各组成员结合课前、课中和课后的学习情况，以及项目考核情况，按照表 7-4 的评价标准对本项目的学习成果进行自评和互评（组内成员互相打分），并请指导教师进行师评及总评。

表 7-4　项目评价

评价项目	评价内容	评价分数			
		分值	自评	互评	师评
知识（60%）	农产品电子商务支付的特点	5 分			
	农产品电子商务支付的方式	15 分			
	农产品电子商务支付面临的安全风险	5 分			
	农产品电子商务支付安全风险的防范措施	10 分			
	农产品电子商务客户服务的基本要求	10 分			
	农产品电子商务客户服务的内容	15 分			

表 7-4（续）

评价项目	评价内容	评价分数			
		分值	自评	互评	师评
技能（20%）	分析主流农产品电子商务平台支持的支付方式	10 分			
	完成农产品电子商务客户服务模拟演练	10 分			
素养（20%）	遵守课堂纪律，具有团队精神	5 分			
	具有自主学习意识，做好课前准备	5 分			
	积极参与教学活动，善于思考提问，勇于探索创新	5 分			
	细致认真，出色完成任务实施及项目考核	5 分			
合计		100 分			
总评	综合得分：_____ 综合等级：_____	指导教师签字：_____			
总结提高	最突出的表现（优点或进步）： 还需改进的地方（缺点或不足）：				

说明：综合得分=自评（25%）+互评（25%）+师评（50%）；综合等级以"优"（综合得分≥90 分）、"良"（80 分≤综合得分＜90 分）、"中"（60 分≤综合得分＜80 分）、"差"（综合得分＜60 分）为标准进行评价。

项目八

农产品移动电子商务与跨境电子商务

项目导读

当前，我国已全面进入移动互联时代，移动端逐渐成为电子商务的核心阵地。相较于传统农产品电子商务，农产品移动电子商务更加灵活、便捷。同时，我国跨境电子商务交易规模也在迅速扩大。对于农产品来说，这一趋势同样显著，农产品跨境电子商务不仅拓宽了农产品的销售渠道，还促进了国际贸易的多元化发展。

学习目标

知识目标

- 熟悉农产品移动电子商务的概念、特点和平台。
- 熟悉农产品跨境电子商务的概念、特点和平台。

能力目标

- 能够在拼多多上开通农产品店铺。
- 能够调研并分析我国农产品跨境电子商务的发展现状。

素质目标

- 感受我国农产品移动电子商务的发展速度，增强民族自豪感和创新意识。
- 树立大国自信、厚植家国情怀，具备接力农产品跨境电子商务发展的使命感。

 **案例导入**

巴彦淖尔农产品出口连续十六年领跑内蒙古

2024 年，内蒙古自治区巴彦淖尔市出口农产品 74.5 亿元，同比增长 13.9%，再刷历史新高，连续 16 年位居内蒙古农产品出口首位。

在巴彦淖尔市五原县某食品加工有限公司生产车间，两条生产线满负荷运转，工作人员正积极备货一批共计 16 吨的有机光板南瓜子，这批货物将出口至美国。该公司产品不仅远销欧美等地，在中东和东南亚市场的出口份额也在迅速扩大。公司总经理李某表示："建厂 3 年来，我们的出口量逐年增长，去年达到 1.6 万吨，今年冲刺1.8 万吨。目前正值籽仁类农产品出口旺季，海外订单源源不断，已经排到了年后。"

巴彦淖尔市以盛产向日葵、打籽南瓜、番茄、辣椒、鲜活果蔬、枸杞，以及草原肉羊和绒纺制品等"蒙字号"农产品著称。在内蒙古地区，出口农产品的七成来自巴彦淖尔市，这些产品热销全球 100 多个国家和地区。

位于巴彦淖尔市的乌拉特海关充分发挥本市特色农产品产业优势，积极申请建立全国首个籽仁类产品技贸措施研究评议基地，以维护本市企业在国际贸易中的利益。同时，乌拉特海关还扶持企业建设海外仓，培育跨境电子商务出口新业态，帮助企业抢订单、拓市场。此外，乌拉特海关还创新属地查检模式，充分利用《区域全面经济伙伴关系协定》等关税减让政策，切实增强企业的获得感，促进出口贸易发展。

"为了压缩查检周期，实现零延时放行，我们推出了一系列便企通关服务，包括预约申报、快查快验、证书智能审签等，助力巴彦淖尔市农产品快速、优质出口。"乌拉特海关关员李某表示。

（资料来源：图古斯毕力格，《巴彦淖尔农产品出口连续十六年领跑内蒙古》，

《内蒙古日报》2025 年 1 月 21 日）

? 请思考：

巴彦淖尔市农产品的出口增长主要得益于哪些策略或举措？跨境电子商务对巴彦淖尔市农产品的出口增长起到什么作用？

任务一　认识农产品移动电子商务

? 任务导入

随着移动互联网技术的飞速发展和智能手机的普及，农产品移动电子商务应运而生。这一创新模式为农业产业注入了新的活力和动力，不仅能有效提高农产品的流通

效率，更是促进农民增收、助力乡村振兴的有效途径。

　　本任务首先介绍农产品移动电子商务的基础知识，然后通过在拼多多上开通农产品店铺，来加深对农产品移动电子商务的认识。

一、农产品移动电子商务的概念

　　农产品移动电子商务是由农产品电子商务衍生出来的，是指利用手机、平板电脑等移动终端设备开展的农产品电子商务活动。具体来说，农产品移动电子商务的"移动"是手段，"商务"是目的，这两者是移动电子商务的重要特征。

二、农产品移动电子商务的特点

　　与传统农产品电子商务相比，农产品移动电子商务主要具有以下几个特点。

（一）广泛性

　　截至 2024 年 6 月，我国手机网民规模达 10.96 亿人。同时，随着移动互联网的发展和普及，越来越多的消费者倾向于使用手机等移动终端设备进行在线购物。这一趋势使得农产品移动电子商务的用户规模持续扩大，市场前景日益广阔。

（二）灵活性

　　农产品移动电子商务打破了时间和空间的限制，使得农产品电子商务交易活动可以在任意时间、任意地点进行，极大地提高了交易的灵活性。此外，农产品移动电子商务的消费场景丰富、支付方式多样，能够进一步满足消费者的多元化需求，显著提升了消费者的购物体验。

（三）安全性

　　如今，手机已成为人们随身携带、很少离手的私人用品，并且手机号码通常与个人身份信息实名绑定，手机信息更是人们重点保护的隐私内容。因此，农产品移动电子商务在身份认证上的安全性远优于传统农产品电子商务。

（四）创新性

　　农产品移动电子商务借助互联网、无线通信、软件等多种技术，实现了农产品交易的智能化、便捷化，同时积极创新商业模式，如结合社交媒体、直播带货等新型营销手段，为消费者提供了更加多样化、个性化的产品和服务。

　课堂讨论

　　请同学们结合实际生活讨论一下，农产品移动电子商务和传统农产品电子商务有哪些不同？

三、农产品移动电子商务的平台

　　随着移动电子商务的发展，越来越多的农产品商家选择开设移动商城（移动电子商务平台）来销售农产品。目前，移动商城的形态呈现多样化趋势，商家可以根据自己的需求进行选择。

（一）商家自营移动商城

　　一些规模较大、资金充足的农产品商家会推出自营的移动商城 App，如本来生活 App（见图 8-1）、盒马 App、中粮我买网 App 等。这类自营移动商城 App 是商家传统销售渠道在移动端的延伸，能够与商家传统销售渠道互相配合，共同销售农产品。

（二）基于电子商务平台的移动商城

　　目前，国内具有代表性的农产品移动电子商务平台有淘宝 App、拼多多 App、京东 App 和惠农网 App（见图 8-2）等。这些平台通过自身的影响力和营销手段，吸引大量农产品商家入驻，从而使供应商、电商平台和消费者形成一个供应链生态圈。

　　需要注意的是，淘宝 App、京东 App 和惠农网 App 是传统电子商务平台的移动端，拼多多 App 则是纯粹的移动电子商务平台。

（三）基于社交平台的移动商城

　　社交平台往往拥有海量的用户，其流量价值无时无刻不吸引着商家的关注。例如，截至 2024 年 6 月 30 日，微信及 WeChat 月活跃用户数达 13.71 亿，很多商家都希望在微信平台上创建店铺，以充分利用其庞大的用户资源和流量优势。

　　基于社交平台的移动商城（如微信小程序店铺、小红书店铺、抖音店铺等）作为移动电子商务与社交平台深度融合的产物，不仅为商家提供了庞大的用户基础，还通过社交网络的互动性和传播性，为商家带来了前所未有的营销机遇。例如，"粮油多多商城"小程序是浙江省宁波市某农产品电子商务有限公司在微信平台上的小程序店铺，如图 8-3 所示。

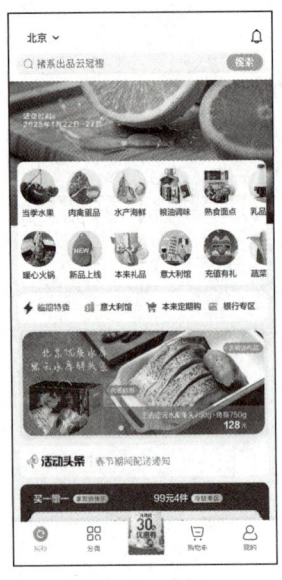  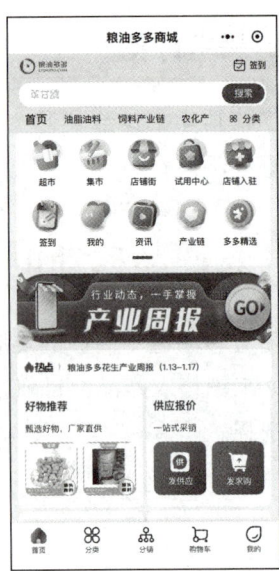

图 8-1　本来生活 App 首页　　图 8-2　惠农网 App 首页　图 8-3　"粮油多多商城"小程序首页

（四）基于直播平台的移动商城

近年来，直播电商模式逐渐发展成熟，一些直播平台也建立了相应的移动电子商务交易系统。例如，2020 年 10 月，抖音 App 上线了"抖音商城"功能，农产品商家可以在抖音 App 中通过"抖音小店"功能（见图 8-4）创建自己的"抖店"，并在直播或短视频中展示购物链接，如图 8-5 所示。

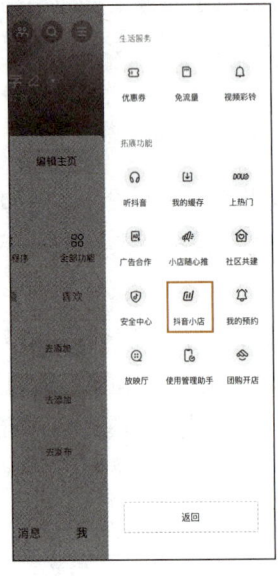 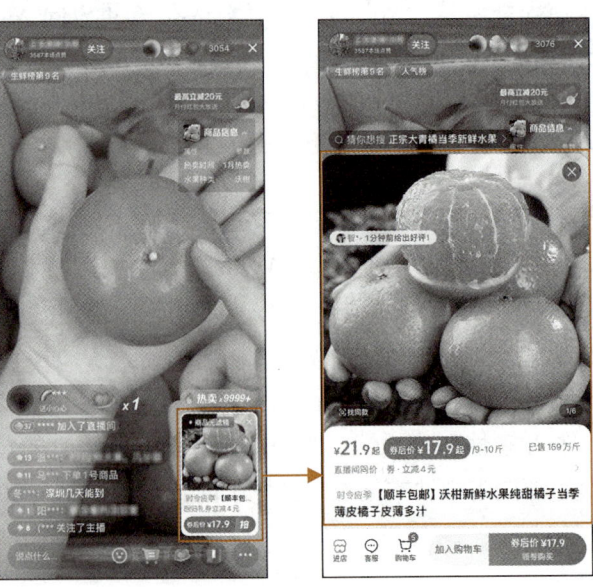

图 8-4　"抖音小店"功能　　　　　　图 8-5　抖音直播中的购物链接

案例阅读

拼多多上线"多多丰收馆"共庆农民丰收节

2024年9月7日，农业农村部、商务部等部门联合发起了一场"2024年中国农民丰收节金秋消费季"活动。作为电子商务平台的代表，拼多多联合中国农业电影电视中心，通过现场直播间向广大消费者推介甘肃省定西市渭源县等7个帮扶县的特色农货，推动当地农货"出村进城"。

在"2024年中国农民丰收节金秋消费季"活动启动的同一天，拼多多还联合平台的农货商家共同上线"多多丰收馆"，消费者只需在拼多多站内搜索"多多丰收馆""丰收节"，即可一键拼购各地时令农货，全面网罗蔬菜水果、水产海鲜、肉禽蛋奶、粮油米面等50万款农货商品，与全国超1000个农产带一起庆丰收。

拼多多高级副总裁、首席发展官朱某在活动现场表示，本届丰收节期间，拼多多将投入大量补贴资金和流量资源包扶持新质农货商家，加大对优质农产品的促销力度，并通过提升农产品上行的效率和质量，从品牌惠农、消费富农、科技强农等8个方面重点投入，持续普惠供需两侧。

除了访谈直播间，5位来自中国农影MCN（中国农业电影电视中心旗下的助农服务平台）和拼多多的优质主播走进"多多直播间"，为7个帮扶地区及京津冀地区的特色农产品现场公益带货共计8场，连续直播15个小时，涵盖粮油调料、传统滋补、中外名酒、肉干海味等品类，吸引直播间观众接连点赞、拼单。

未来，拼多多将持续深入农业生产前端，利用平台优势，助力科技小院农研成果顺利对接全国大市场。"拼多多坚持做中国'三农'的服务者，将继续扎根农业，在搭建产销对接平台、推介助力农业品牌、促进优质农产品消费和农民增收方面主动入位，坚持长期投入，与中国农民、农业共同成长。"朱某表示。

（资料来源：曹依蕾，《拼多多上线"多多丰收馆"共庆丰收，投入10亿补贴扶持新质农货商家》，"天眼新闻"百家号，2024年9月9日）

案例解析：

"2024年中国农民丰收节金秋消费季"活动的启动，展现了政府部门对于推动农业发展和农民增收的坚定决心。拼多多作为电子商务平台的代表，积极参与并发挥了重要作用，不仅联合中国农业电影电视中心通过直播间向消费者推介特色农货，还上线了"多多丰收馆"，为消费者提供了便捷的一站式购买平台。这一举措不仅有助于提升农产品的知名度和销量，更促进了帮扶地区的经济发展，为农民带来了实实在在的收益。

任务实施——在拼多多上开通农产品店铺

下面通过在拼多多上开通农产品店铺，来加深对农产品移动电子商务的认识。具体步骤如下。

步骤1 在手机应用商店中下载并打开拼多多 App，注册并登录拼多多账号，点击界面下方的"个人中心"按钮，然后点击界面右上方的"设置"按钮（见图8-6），进入"设置"界面，如图8-7所示。

步骤2 在"设置"界面选择"招聘/免费入驻拼多多"选项，进入"招聘/免费入驻拼多多"界面，然后选择"商家免费入驻"选项，如图8-8所示。

在拼多多上开通
农产品店铺

图8-6 点击"设置"按钮   图8-7 "设置"界面   图8-8 选择"商家免费入驻"选项

步骤3 根据提示进行账号设置、实名认证，并输入店铺名称，如图8-9所示。然后选中"我同意《拼多多商家入驻协议》"单选钮，最后点击"立即入驻"按钮。

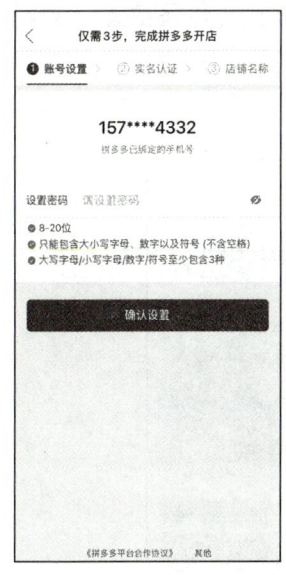
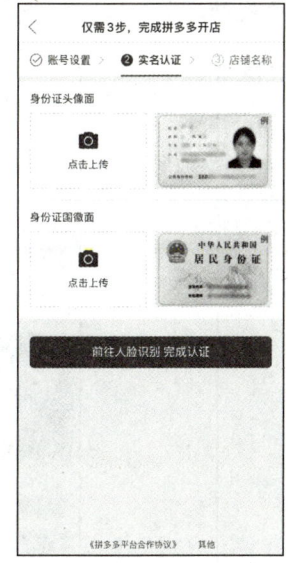
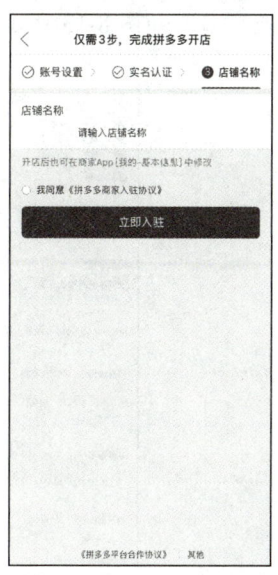

图 8-9　账号设置、实名认证及输入店铺名称

步骤 4 进入"提交成功"界面，显示资料提交成功，如图 8-10 所示。点击"前往拼多多商家版 App"按钮，下载并打开拼多多商家版 App，点击"登录"按钮进入店铺。拼多多商家版 App 提供了商品管理、发布商品、多多直播等功能，如图 8-11 所示。

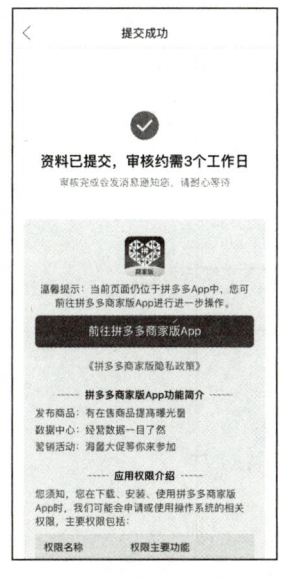

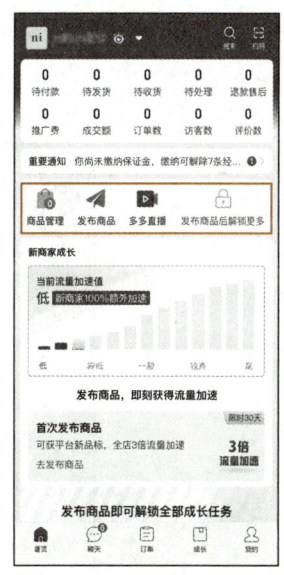

图 8-10　资料提交成功　　　　　图 8-11　拼多多商家版 App 首页

步骤 5 点击"发布商品"按钮进入"发布商品"界面，根据提示创建商品，如"生鲜水果脐橙礼盒装"，填写完毕后点击"提交并上架"按钮发布商品（见图 8-12），即可成

功发布商品，如图 8-13 所示。若要继续添加商品，可点击"继续发布新商品"按钮。

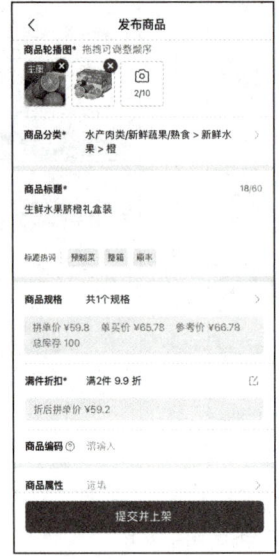

图 8-12　创建并发布商品

图 8-13　成功发布商品

步骤 6 商品添加完毕后返回首页，点击"商品管理"按钮，即可查看已发布的商品，如图 8-14 所示。

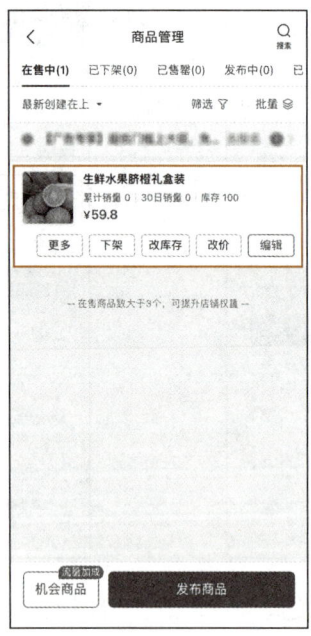

图 8-14　查看已发布的商品

任务二 认识农产品跨境电子商务

 任务导入

近年来，跨境电子商务异军突起，改变了传统商品交易的组织方式，成为跨境贸易领域极具竞争力的新业态、新引擎。我国为跨境电子商务的发展发布了各种利好政策，农产品跨境电子商务同样具有广阔的发展前景和巨大的市场潜力。

本任务首先介绍农产品跨境电子商务的基础知识，然后通过调研并分析我国农产品跨境电子商务的发展现状，来加深对农产品跨境电子商务的认识。

一、农产品跨境电子商务的含义

农产品跨境电子商务是指分属不同关境的交易主体通过电子商务平台达成交易，进行支付结算，并通过跨境物流及异地仓储送达农产品，从而完成交易的一种国际商业活动。实际上，农产品跨境电子商务就是把传统农产品国际贸易加以网络化、电子化的新型贸易方式。

 小提示

关境又称海关境域或税境，是一个国家或地区行使海关主权的执法空间。交易主体分属不同关境是指商品的销售需要"过海关"。

二、农产品跨境电子商务的特点

农产品跨境电子商务的特点主要有以下几种。

（一）交易全球化

农产品跨境电子商务不受地域限制，农产品生产经营者通过电子商务平台就能轻松跨越地理界线，将农产品销往全球多个国家和地区，极大地拓展了农产品的销售市场。同时，农产品跨境电子商务的交易过程主要通过电子商务平台进行，实现了交易的电子化，大大提高了交易效率，降低了交易成本。

农产品跨境电子商务面临的问题

（二）业务与政策复杂

与国内农产品电子商务相比，农产品跨境电子商务的业务环节更多，新增了海关通关、检验检疫、外汇结算等环节。此外，不同国家和地区对于农产品的进口有严格的海关和检疫标准。例如，我国在进口肉类产品时，会要求提供详细的动物检疫证明，其中包含动物来源、养殖环境、疫苗接种情况等诸多细节，这使得农产品跨境电子商务需要花费额外的精力和成本来满足这些要求。

（三）市场需求具有差异性

由于地理位置和气候条件不同，农产品跨境电子商务的市场需求呈现明显的季节性差异。例如，我国在冬季期间，对南半球的夏季水果（如澳大利亚的芒果、新西兰的奇异果等）需求旺盛。此外，不同国家和地区的消费者在农产品消费习惯上也存在显著差异。

（四）信息透明化

农产品跨境电子商务借助电子商务平台，实现了各类农产品贸易信息的公开与共享，这一机制使得农产品跨境电子商务商家能够及时掌握不同国家和地区的消费者对农产品的需求信息，同时消费者也可以轻松获取不同国家和地区提供的农产品的信息。这种信息的透明化极大地拓宽了交易双方的选择范围，促进了农产品国际贸易的多元化发展。

三、农产品跨境电子商务的平台

不同的跨境电子商务平台有自己的特点、行业优势及客户群体。因此，选择适合自己的跨境电子商务平台就显得尤为重要。目前，常用的农产品跨境电子商务平台有阿里巴巴国际站和全球速卖通。

（一）阿里巴巴国际站

阿里巴巴国际站（见图 8-15）是阿里巴巴集团创立时的第一个业务板块，现已成长为全球领先的 B2B 数字贸易平台。截至 2024 年，阿里巴巴国际站已覆盖 190 多个国家和地区，服务 4 800 多万家全球中小企业，为它们提供采购、线上交易、数字营销、物流履约、售后保障等全链路贸易服务。

此外，阿里巴巴国际站借助生成式 AI 技术，降低了中小企业参与全球贸易的门槛；同时深度整合跨境供应链，推出 B2B 半托管服务，为中小企业提供更多更简单的贸易方式。

图 8-15　阿里巴巴国际站

（二）全球速卖通

全球速卖通（AliExpress）（见图 8-16）是阿里巴巴集团旗下的面向全球市场的跨境电子商务 B2C 平台，称为"国际版淘宝"。该平台面向海外消费者，通过支付宝国际账户担保交易，并使用国际物流发货。全球速卖通商业覆盖全球 220 多个国家和地区，拥有庞大的海外消费群体，是中小企业拓展国际市场的重要渠道。

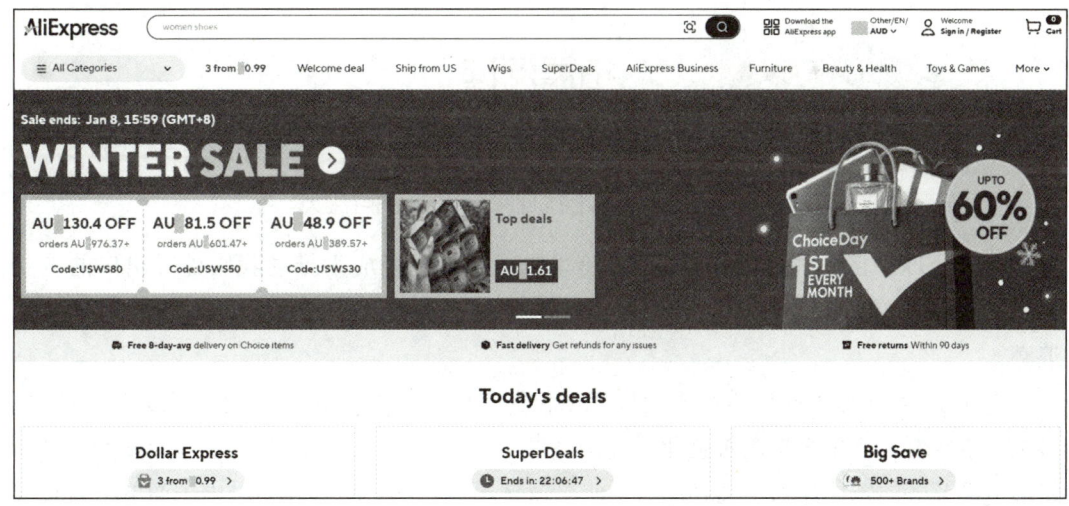

图 8-16　全球速卖通买家首页

 任务实施——调研并分析我国农产品跨境电子商务的发展现状

任务背景

在数字化浪潮的席卷下,农产品跨境电子商务作为一种新兴的贸易方式,近年来在全球范围内迅速发展。我国作为拥有悠久农耕文明的农业大国,孕育了品类丰富、品质卓越的农产品,为农产品跨境电子商务的蓬勃发展奠定了基础,使其蕴藏着无限的潜力与机遇。

任务内容

(1)全班学生以 3~5 人为一组进行分组,各组选出组长。以小组为单位,组内成员分工协作。

(2)参考以下几个问题,调研我国农产品跨境电子商务的发展现状。

① 我国农产品跨境电子商务贸易伙伴有哪些?涉及的农产品类别有哪些?

② 我国农产品跨境电子商务的市场规模及增长速度如何?

③ 我国农产品跨境电子商务的物流模式有哪些?

④ 近年来,我国发布了哪些支持农产品跨境电子商务的政策?

⑤ 如何加强我国农产品跨境电子商务领域专业人才的培养和引进?

(3)结合搜集到的我国农产品跨境电子商务的发展现状,分析我国农产品跨境电子商务的发展趋势。

(4)组长带领小组成员整理搜集的资料,整理一份关于我国农产品跨境电子商务发展现状与发展趋势的调研报告。

拓展阅读

跨境电子商务让我国农产品走向全球

随着全球经济一体化的快速发展,跨境电子商务已经成为推动我国外贸出口的重要力量。在数字经济的推动下,我国农产品跨境电子商务正在经历一场前所未有的发展浪潮。

近年来,我国政府高度重视农业现代化和农产品市场的开拓,出台了一系列扶持政策,鼓励和引导农产品生产与销售企业开展跨境电子商务活动。这些政策的实施无疑为农产品跨境电子商务的发展注入了强劲动力,使得越来越多的农产品可以通过电子商务平台直接面向全球消费者。

在具体实践中,我国农产品跨境电子商务呈现出多元化的发展模式。一些具有地方特色的农产品通过电子商务平台走出国门,受到了海外市场的青睐。例如,云南省的普洱茶、四川省的辣椒、山东省的大姜等，都通过跨境电子商务平台打开了国际市场，成为海外消费者的餐桌新宠。此外，为了提升我国农产品在国际市场上的竞争力，不少企业和地方政府借助跨境电子商务平台进行产品包装、宣传推广等一系列工作，致力于打造具有国际影响力的农产品品牌。这不仅有助于提高产品的附加值，还能增强消费者的品牌忠诚度，形成持续的市场吸引力。

与此同时，农产品跨境电子商务的发展也面临着一些挑战。首先，物流成本较高是一个不容忽视的问题。由于农产品多为易腐物品，对运输速度和储存条件有着较高的要求，这就导致了物流成本的增加。其次，国际市场的规则复杂多变，农产品出口到不同国家和地区需要遵守相应的质量标准和检疫规定，这对企业的应对能力提出了更高的要求。

针对这些挑战，政府部门及不少企业采取了相应行动。一方面，通过优化物流配送体系降低运输成本，提高物流效率。另一方面，加强对农产品跨境电子商务人才的培养，从而提高企业对国际贸易规则的适应能力和风险防范能力。此外，利用大数据、云计算等现代信息技术手段，对农产品的生产、流通和销售进行全程监控和管理，也是提升我国农产品跨境电子商务竞争力的有效途径。

面对全球化的市场环境，我们应当把握机遇，积极应对挑战，不断创新和完善农产品跨境电子商务的发展模式，为我国农业经济的繁荣和农村地区的振兴贡献力量。在未来，随着技术的进步和市场环境的优化，相信我国的农产品跨境电子商务将迎来更加广阔的发展空间，为全球消费者提供更多优质的中国农产品，同时也为我国农业的可持续发展注入新的活力。

3～5 人一组，在网上查找资料并结合上述材料，讨论以下问题。

（1）我国农产品跨境电子商务面临哪些挑战？

（2）在国际竞争日益激烈的背景下，你认为应当采取哪些措施来提升我国农产品的市场竞争力？

项目考核

1. 选择题

（1）农产品移动电子商务就是利用（　　）开展的农产品电子商务活动。

  A．移动终端设备　　　　　　　B．计算机

  C．通信设备　　　　　　　　　D．电子设备

（2）下列选项中，不属于农产品移动电子商务特点的是（　　）。

  A．广泛性　　　　　　　　　　B．安全性

  C．局限性　　　　　　　　　　D．灵活性

（3）在农产品移动电子商务中，（　　）属于纯粹的移动电子商务平台。

    A．京东 App

    B．天猫 App

    C．淘宝 App

    D．拼多多 App

（4）相较于国内农产品电子商务，农产品跨境电子商务新增的业务环节不包括（　　）。

    A．海关通关

    B．检验检疫

    C．外汇结算

    D．营销推广

（5）下列选项中，不属于农产品跨境电子商务特点的是（　　）。

    A．业务环节更简单

    B．信息透明化

    C．交易全球化

    D．市场需求具有差异性

（6）下列选项中，（　　）属于跨境电子商务 B2B 平台。

    A．全球速卖通

    B．淘宝网

    C．阿里巴巴国际站

    D．微信小程序

2．判断题

（1）农产品移动电子商务具有广泛的用户覆盖范围和较强的市场渗透能力。（　　）

（2）中粮我买网 App 属于基于电子商务平台的移动商城 App。（　　）

（3）农产品跨境电子商务是国际商业活动。（　　）

（4）全球速卖通是目前全球最大的跨境电子商务 B2B 平台。（　　）

3．简答题

（1）与传统农产品电子商务相比，农产品移动电子商务具有哪些特点？

（2）简述农产品移动电子商务平台的类型。

（3）农产品跨境电子商务的特点是什么？

（4）常用的农产品跨境电子商务平台有哪些？

项目评价

全班学生每 3~5 人为一组，各组成员结合课前、课中和课后的学习情况，以及项目考核情况，按照表 8-1 的评价标准对本项目的学习成果进行自评和互评（组内成员互相打分），并请指导教师进行师评及总评。

表 8-1　项目评价

评价项目	评价内容	评价分数			
		分值	自评	互评	师评
知识（60%）	农产品移动电子商务的概念、特点和平台	30 分			
	农产品跨境电子商务的概念、特点和平台	30 分			
技能（20%）	在拼多多上开通农产品店铺	10 分			
	调研并分析我国农产品跨境电子商务的发展现状	10 分			
素养（20%）	遵守课堂纪律，具有团队精神	5 分			
	具有自主学习意识，做好课前准备	5 分			
	积极参与教学活动，善于思考提问，勇于探索创新	5 分			
	细致认真，出色完成任务实施及项目考核	5 分			
合计		100 分			
总评	综合得分：_____ 综合等级：_____	指导教师签字：_____			
总结提高	最突出的表现（优点或进步）： 还需改进的地方（缺点或不足）：				

说明：综合得分=自评（25%）+互评（25%）+师评（50%）；综合等级以"优"（综合得分≥90 分）、"良"（80 分≤综合得分＜90 分）、"中"（60 分≤综合得分＜80 分）、"差"（综合得分＜60 分）为标准进行评价。

参考文献

［1］王冲，李文立. 农村电子商务导论［M］. 北京：高等教育出版社，2023.

［2］宋芬，陈画. 农产品电子商务［M］. 2 版. 北京：中国人民大学出版社，2022.

［3］葛晓滨. 农产品电子商务运营：基于乡村振兴的新思维、新技术、新格局［M］. 北京：中国人民大学出版社，2022.

［4］北京博导前程信息技术股份有限公司. 农产品电商运营：中级［M］. 北京：高等教育出版社，2021.

［5］杜理明. 农产品电子商务实务［M］. 北京：中国人民大学出版社，2021.